名企HR经典管理案例 系列丛书

HR员工激励

经典管理案例

程江红◎著

中国法制出版社
CHINA LEGAL PUBLISHING HOUSE

自　序

近几年参加了很多人力资源专业的研讨会、沙龙。如何激励员工成为企业管理的聚焦话题。这一话题也被公认为是开发人力资源的最高层次目标。是什么使得“激励”被如此重视？工业时代从以体力资源为主发展到以脑力资源为主，一个人的大脑是否在工作，只有他自己知道，通过传统的监管、强压推动员工高质量工作的效力在迅速递减。调动员工自主自愿地开展工作是高效高质量工作的基础，激励是调动员工的重要方式。我们常常提到的“新新人类”“90后”登上职业平台，“80后”成为职场主力。他们的成长和教育背景使得其内心对自由、自主、尊重、认同的需求超过以往的职场人，“有钱难买我乐意”这句嬉戏话，现已成为职场年轻人的工作常态。哈佛大学心理学家威廉·詹姆士在对职工的激励研究中发现，缺乏激励的职工仅能发挥实际工作能力的20%—30%，受到充分激励的职工，其潜力则可以发挥到80%—90%。如何在工作上调动员工的积极性，激励员工的创造力成为管理者们日益关注的问题。

激励，美国管理学家贝雷尔森和斯坦尼尔给出如下定义：“一切内心要争取的条件、希望、愿望、动力都构成了对人的激励——它是人类活动的一种内心状态。”人的一切行动都是由某种动机引起的，动机是一种精神状态，它对人的行动起激发、推动、加强的作用。

促发每个人内心状态的因素各不相同，但又可归属于几大类。正是激励的自身规律性才引得众多心理学大师争相研究试图揭示它的根本。我们熟知的马斯洛的需求层次理论、赫茨伯格的双因素理论和麦克利兰的成就需要理论等都帮助人们了解引发激励的动因，这些理论指导着企业管理者实践与探索，并在实际企业人员管理中展示出激励的核心价值。

目录
CONTENTS

第一篇　企业理想——激发员工的工作热情

第二篇　企业环境——激励员工的土壤

第三篇 团队群体动力——打造“亮剑”团队

第四篇 员工的内驱力——激励的成长基因

第五篇 物质激励——有时也需要来点实在的

第一篇

企业理想——激发员工的工作热情

【主要内容】

- 企业的使命与愿景如何能鼓舞员工士气?
- 员工越认同企业价值观越易获得精神激励?
- 如何让价值观落地激励人心?

理想指引人生方向和影响生命品质

“首先要知道，激励人们努力工作的东西不只是金钱。金钱只能提供短期动力，如果把金钱当作首要动力，人们往往会精疲力竭。只有拥有理想，员工才愿意每天跳下床。金钱只是实现理想过程中产生的副产品。”哈佛商学院卡普兰教授如是说。

金钱、物质等带给人们的动力是一种外驱力，一旦钱物等外界刺激消失，员工的动力因素就消失，被激励引发的行为也会很快随之消失，甚至可能出现与之前相悖的言行。同样的钱物刺激作用于员工的时间越长，其激励效果就越差。比如，一位员工第一年收到公司送给他的生日蛋糕时会特别感谢公司，觉得公司的人文关怀做得还不错。第二年他又收到生日蛋糕时感觉也还不错，但不会有第一年的小激动了。第三年他生日快到时就会想公司应该送我生日蛋糕。收到蛋糕时会想每年都一样吗？也不换换形式或礼物，公司没有一点诚意，给员工过个生日都不用心安排……第四年公司因某种原因没有给员工提供生日蛋糕，此时员工可能会非常不满意，也许会抱怨说：“原来还有个生日蛋糕，现在连这个都不给了，公司眼里哪还有员工。”生日蛋糕不再是让员工感受到企业关怀的礼物，而变成了员工心中应有的既得利益，有它时不觉得满意，当然不会有激励效果，但没有它时却可能引起员工的不满意。因此由同样的钱物形成的外驱力的激励效果是难以持久的。那么不断加码提升钱物的额度是否能持续提升激励的效果呢？可能可以，但人们对钱物增加额度的期望值会趋升，这等于企业投入更高额的成本才能换来同等激励效果，其负担将越来越重，越往后将越难以用这样的方式维持对员工的激励。

与外驱力对应的是一个人的内在驱动力，也就是内驱力。内驱力是人们内在的自我追求目标、状态或愿望，内在的这份渴望使得人们有足够的动力愿意去为实现它而付诸行动。人的内驱力可分为两大类：由饥饿等生理需要而产生的内驱力称为第一内驱力，又称基本的、原始的或低级的内驱力；由责任感、成就感、尊重感等后天形成的社会性需要所产生的内驱力称为第二内驱力，又称社会的或高级的内驱力。一般来说，高级内驱力对低级内驱力起调节作用，本书所提及的均是第二内驱力。实现理想是个人内驱力的重要因素之一。20 世纪 50 年代，耶鲁大学曾做过一项长达 25 年的跟踪研究，探究理想对人生的影响。研究结果如下：27% 没有理想的人，生活在社会最底层，生活过得很不如意；60% 理想模糊的人，生活在社会的中下层，并无突出成就；10% 有清晰但较短期理想的人，生活在社会的中上层，在各自所在的领域里取得了相当的成就；3% 有清晰且长期理想的人，成为各领域顶尖人士。由此可见，理想赋予人们的力量能影响人生的方向和生命品质。

企业希望吸引那些有理想有抱负的员工加入。员工的理想与企业的使命愿景越趋近，企业越能影响员工使之认同企业的使命与愿景，此时彼此的吸引力越持久。共同的理想让员工有更强的内在动力，愿意不断挑战自我的潜能，全力奋进为企业创造价值。

1 第一章

使命和愿景

使命与愿景是激励人心的长效剂

若希望吸引更多精英人才加入麾下并愿意长久共同发展，企业首先要阐明自身的理想，崇高且富有感召力的企业理想对员工的凝聚力和影响力有着极为重要的作用。企业的理想只有被员工真正理解，才能让员工从企业理想中找到个人理想的位置，且清楚地知晓实现企业理想的同时，也能实现个人理想，这样的连接对激励员工起着决定性的作用。

企业的使命与愿景是企业理想的核心组成部分。所谓企业使命，是指企业在社会经济发展中所应承担的角色和责任，是指企业的根本性质和存在的理由，它表明企业的经营领域、经营思想，为企业目标的确立与战略的制定提供依据。使命是企业的灵魂，如德鲁克先生所说，“使命”就像是一剂巨大的黏合剂，能够在组织进行扩展、拆分、全球化、多样化的过程中将所有成员都紧紧地黏合在一起。企业的使命不仅回答企业是做什么的，更重要的是为什么做，使命是企业富有意义的终极理想。崇高、明确、富有感召力的使命不仅为企业指明方向，而且能使企业的每一位成员明确工作的真正意义，而富有意义的事可以激发员工内心承担责任的力量。迪士尼的使命是“让世界更加欢乐”，其对企业、对顾客、对社会倾注莫大的热情和心血，尽最大可能地为人们带来欢乐。企业的使命影响着每位员工，即使是迪士尼游乐园里的清洁工，被游客问路时也会面带微笑，热情地为游客领路。麦肯锡的使命是“帮我们的客户成为最杰出的公司”；宝洁公司的使命是“让我们生活得更好”；微软公司的使命是“致力于提供使工作、学习、生活更加方便丰富的个人电脑软件”；华为的使命是“聚焦客户关注的挑战和压力，提供有竞争力的通信解决方案和服务，持续为客户创造最大价值”。正是这些知名企业对其使命的执着追求与不断践行，才让他们屹立于世界顶级之林。

所谓的企业愿景是对企业前景和发展方向的描述，以及对企业未来的展望。强有力的企业愿景会让团队成员在风险和挑战中仍能凝聚力量坚定向前，在复杂的情况下能从长远的大局出发果断决策。如迪士尼的愿景是“成为全球的超级娱乐公司”；微软的愿景是“计算机进入家庭，放在每一张桌子上，使用微软的软件”。如果企业没有使命与愿景，它就失去了理想和存在的意义。一个没有远大理想抱负的企业也很难让员工产生归属感，不能形成巨大的团队凝聚力，自然也不可能成为高绩效的卓越企业。

有些企业花大价钱吸引各路人才，却没有提出明确的企业使命与愿景，没有明确的定位和长远目标，只有短期利润目标，寄期望于高薪聘请的职业经理有企业归属感、有大局观是不切实际的。企业只有重视愿景和使命的塑造与宣传，才能让更多的人才特别是高端人才有机会真正了解这是什么样的企业，了解企业的期望与未来走向。这时他们选择加入和留下才有可能是因为企业自身的社会角色和理想抱负对他们的吸引力，而不只是因为企业承诺支付高薪。如同找女朋友一样，如果男方只显示自己多有钱，承诺可以多大方地给女友买礼物，而不去展现自己的内涵修养、人格魅力等，怎能期待女友是因为爱他这个人，而不是因为物质和他结婚呢？那些志同道合，认同企业愿景和使命的高端人才将会与企业同行更长久，而且在企业遇到艰难挑战时更可能主动担当，这些人是企业最宝贵的资产。

小结

大多数企业家希望吸引和留用那些有情怀、有理想抱负的人才，因为这样的人会将工作视为他们的事业，工作时充满激情，追求卓越。同样，这样的人才通常会择木而栖，他们更愿意选择追随有使命担当、有宏伟愿景的企业。

1.1 使命和愿景凝聚人心

管理大师彼得·圣吉曾说："有没有共同愿景对于员工来说，具有表面微小实际却十分重大的差别。员工的奉献精神与组织的共同愿景息息相关。而如果没有共同愿景，那么奉献的行为不仅不会产生，连真正遵从的行为也不可能。"企业是如何将自己的使命愿景渗透企业日常管理中打动员工，使他们认同并且能真正践行呢？世界知名零售商沃尔玛的做法值得研究。

【经典案例 1】 沃尔玛的使命与愿景

1945 年，27 岁的沃尔顿用从岳父手里借来的 2 万美元，在美国的一个小镇开设了第一家杂货店，并于 1962 年正式启用沃尔玛的企业名称。1970 年，沃尔玛公司在纽约证券交易所挂牌上市。1990 年沃尔玛成为美国第一大零售商，沃尔顿做出了沃尔玛 10 年愿景规划：到 2000 年，公司的销售额将达到 1290 亿美元，成为世界上最有实力的零售商（该愿景已实现，2000 年，沃尔玛销售额达到 2000 亿美元，位列《财富》杂志全球 500 强排行榜第 2 位，次年又跃升为第 1 位）。

沃尔玛的创始人山姆·沃尔顿 7 岁就开始卖报纸、送牛奶，对他来说薄利多销才是商业成功的不二法门，"天天低价"成为公司经营哲学的基础。因此沃尔玛的使命是"给普通百姓提供机会，使他们能与富人买到一样的东西"。为此，他为公司制定了三条座右铭："顾客是上帝"，沃尔玛公司尽其所能使顾客感到在沃尔玛连锁店和山姆会员商店购物是一种亲切、愉快的经历；"三米微笑原则"，是指同事要问候所见到的每一位顾客；"保证满意"，是指退换政策要让顾客能在沃尔玛连锁店和山姆会员商店放心购物。此外，公司"尊重每一位员工"，尊重每位同事提出的意见，经理们被看作"公仆领导"，通过培训、表扬及建设性的反馈意见帮助新的同事认识、发掘自己的潜能。使用"开放式"的管理哲学在开放的气氛中鼓励同事多提问题、多关心公司。"每天追求卓越”，鼓励员工大胆创新，尝试新的工作方式，为实现远大的理想树立正面的典范；发挥团队精神，互相帮助，寻求支持。2016 年沃尔玛提出新的愿景，其中包括根据减排计划，沃尔玛将携手其供应商于 2030 年减少 10 亿吨的碳排放，相当于每年在道路上减少 2.11 亿辆乘用车，并将采用节能措施与使用 50% 的可再生能源相结合的方式，实现 2025 年减排 18% 的目标。承诺以带头人的角色在全球零售供应链中积极倡导合乎道德的招聘和员工待遇。上述举措旨在使沃尔玛实现其成为最值得信任的零售商，不仅为顾客提供优质优价的商品和节省时间的购物体验，还通过公开透明的运作和实际行动赢得顾客的信任。

- **为社会创造巨大价值的使命愿景更能打动人心**

沃尔玛公司的目标一次次得到实现，支持他们成功的关键因素之一在于沃尔玛提出的朴实而伟大的使命：“给普通百姓提供机会，使他们能与富人买到一样的东西。”这是一个看似平凡但非常伟大的使命，这个使命旨在为普通民众谋福利，提高普通百姓的生活质量和生命尊严，它传递出沃尔玛愿意与客户分享、体现客户的利益的价值观。这个使命让员工觉得自己在做一件对社会有实实在在意义的事业。不仅如此，沃尔玛公司还很有社会责任感，积极组织或参与公益活动，为提高周围社区生活质量贡献力量。这种对社区普通百姓所表现出来的人文关怀，也渗透企业的各个环节，成为员工职业道德和行为操守建设的重要组成部分。沃尔玛在传递正能量时也给自己的员工树立起正确的人生观、价值观和责任意识，有助于增强团队合作，强化员工的荣誉感、归属感和凝聚力，同时提升员工的敬业度。

- **与员工息息相关的使命更能鼓舞士气**

在沃尔玛工作的绝大部分员工是普通百姓，追求高品质的生活也是他们自身的理想。消费者也是普通的百姓，他们从这家企业的使命中感受到尊重，打心里愿意亲近这样的零售商，从而形成对沃尔玛的认可与信任。员工们愿意和这样的企业一同为那些与自己一样的普通百姓努力，以提升他们的生活品质。

我们熟知的另一家企业福特汽车曾提出愿景："工薪阶层都可以买得起车，以便'在上帝赐予的广袤大地上自由徜徉'。"在亨利福特之前，汽车只是极少数富有者的奢侈品。福特在预见到提供廉价交通工具的潜在收益之时就立志："要为大众生产一种汽车，它的价格如此之低，不会有人因为薪水不高而无法拥有它，人们可以和家人一起在上帝赐予的广阔无垠的大自然里陶醉于快乐时光中。当我实现它时，每个人都能买得起，每个人都将拥有它。马会从我们的马路上消失，汽车理所当然地取代了它。"为此，福特发明并大力推广流水线改革，使汽车生产周期从 1908 年的 12 个小时，降低到 1913 年的 93 分钟，1925 年更是减少到 15 秒——这简直不是制造汽车而是在"印刷"汽车！同时，福特将 T 型车的售价由 1909 年的 900 美元，降低到 1914 年的 440 美元、1924 年的 290 美元！公司汽车销量从 1909 年的 5.8 万辆，迅速攀升到 1916 年的 73 万辆。到 1926 年 T 型车停产前，年产量已达 200 万辆。在 20 年的时间内，福特公司的 T 型车合计生产了 1500 万辆！

福特通过推动规模化流水线的生产模式，在不断提升生产效率的同时也在降低生产成本使其愿景得以实现，然而福特在降低成本时并没有采用控制人工成本的方式，而是比其他工厂支付更多的工资。1914 年，美国非熟练工人的日工资一般为 1 美元，熟练工人日工资为 2.5 美元，而福特付给工人 5 美元的日工资。他所说的愿景"让工薪层都可以买得起车"，首先是让自己公司的工薪层员工可以买得起车。这一举动也使得员工们开始认真关注福特提出的愿景。员工相信企业愿景实现时个人也将从中受益，自己也可以开车享受广阔自由的生活，所以愿意拿出更多时间和精力投入工作，不断优化流水线和制造工艺，使得生产效能大幅提升的同时，单位生产时间与成本均逐步下降，只用十多年的时间便生产出"工薪价格"的车辆，实现了福特公司当时的企业愿景。

- **将使命与愿景渗透日常管理中，落地生根**

企业的使命愿景如果在企业经营管理中得不到具体实现，就只能作为空喊的口号。如何做才能让它们落地生根，并发挥它们对员工长效的激励作用呢？这需要从两个方面考虑。第一，企业长短期的战略选择和战术制定应紧密围绕着企业的使命与愿景。第二，在实现战略时企业选择什么样的价值理念作为全体员工的思维、行为标准，以及运用什么方式使价值理念能够引导或约束组织及组织成员的行为。本书将主要介绍第二点。

小结

优秀的人才不仅仅希望通过自己的能力改善自己的生活，他们也希望因自己的存在而使得周围的人，甚至这个世界都更加精彩。如果一个企业具有强大的社会责任感，其使命与愿景的实现能促进社会或自然环境更美好，那这样的企业才能吸引更多这样优秀的人才，才能鼓舞他们全身心地投入工作以实现心愿与梦想。

1.2 价值观是最稳定的原动力

- **企业价值观是全体员工共事的终极原则，是企业与员工的行为纽带**

企业价值观是企业全体或多数员工一致赞同的共事的终极原则，是评价工作好坏的标准。它决定企业的个性，使企业具有自己的独特风格。价值观是企业生存和发展的内在动力，是企业行为规范的基础。企业价值观对企业和员工行为的规范不是通过制度、规章等硬性管理手段实现的，而是通过群体氛围和共同意识引导来实现的。被员工广泛接受的价值观是一条行为纽带，它具有导向、约束的作用，也能凝聚和激励团队。员工自发地遵从群体共同的心理契约，形成自我约束或群体监督的管理方式，可以节省企业管理的运营成本，提高企业的经营管理效率。反之，缺失共同的价值观将会使员工迷失方向，以私利或个人喜好做事，使团体内部处于冲突内耗的状态，整体氛围低迷，不利于企业实现组织目标。

价值观有时是刻意打造的，有时则是无意识形成的一些共识。如果企业不能及时觉察哪些共识与企业希望塑造的价值观不符，就可能让员工感到困惑，从而在不知不觉中做出有损于企业发展的行为。

【经典案例2】 不清晰的价值观会使员工行为与企业需要相背离

有一家叫SAK ELLIOT LUCCA的时装公司，位于旧金山的苏玛区，早期，公司员工都是单身，他们在每周日的晚会上喜欢穿时尚的衣服。长此以往，这家公司无意中形成了这样的价值观——时髦、年轻、酷才是符合公司用人风格的。但是，随着公司业务及规模的扩大，高层们意识到了两个问题：如果部门负责人只录用有时尚风格的年轻人，公司就没办法招聘到更合适的员工；此外，还可能在不经意中打击那些能够为公司做出重要贡献但衣着保守的员工的积极性。为此，公司努力让员工明白，招收时髦的员工与SAK的核心价值观——信任（为人诚实可信）、担当（独立做决策）以及主人翁精神（把自己当作公司的主人）没有必然的联系。即使“不时髦”的人也应该被录用，只要他们认同公司的核心价值观。管理层们开始重视对企业价值观的解读，并且不断在聘任与晋升环节中体现符合企业价值观的人事决策。SAK的一系列举措使真正符合企业价值观的人才得到重用，如今SAK公司已成长为一个真正的多元化大型企业，大大拓展了自己的产业线，占据了更广阔的市场。

企业只有清晰准确地诠释其价值观才能使员工真正有所认知，并使之成为员工认同与践行的基础。对企业价值观的诠释通常要满足以下几个方面。

1. 原则导向，即企业对赞同什么反对什么有明朗的边界线和态度。

2. 多维的角度，即要从社会、客户、员工等多个视角阐明企业的价值选择。

3. 匹配一致性，在诠释价值观时，要与企业的使命、愿景完全匹配。不同角度的价值理念不能出现矛盾的解释。

百事公司对其企业价值观进行了清晰的诠释，这对其员工行为起到了引导作用，当员工的行为有明确标准可依照时，他们也更愿意主动展现出企业所赞许的行为，以得到组织的认同与嘉奖。

【经典案例3】 百事对其企业价值观的诠释

我们的承诺：持续增长是百事成功的根本动力和衡量标准。在追求持续增长的过程中，我们鼓励创新、注重实效，思考今天的行为是否对公司未来产生影响。实现持续增长意味着员工的发展和公司业绩的提高，其优先追求的目标是获得发展、取得实效。

人尽其力指的是在管理得当、顾全公司大局的前提下，百事公司员工能够自主地行动和思考，以实现既定目标。

建立诚信和恪尽职守是健康增长的基础。它意味着我们作为个人和公司，要赢得他人的信任。恪尽职守，意味着我们的行为要对我们个人和公司负责，并对分配给我们的资源进行有效管理。我们通过征求意见、争取共同成功建立与他人的相互信任。

关爱客户、消费者及我们赖以生存的世界——百事公司以强烈的市场竞争精神为动力，但是竞争的目的是为百事及与其相关联的个人和团体带来双赢。百事的成功取决于对客户、消费者及社区的深入了解。关爱也就意味着百事要为他们的利益进行不懈的努力。从根本上说，百事恪守的精神是增长而不是索取。

只销售我们引以为豪的产品——百事产品标准的关键一条是，我们的产品能够得到员工毫无保留的喜爱及消费。这一原则贯穿于从原材料购买到产品消费的所有业务环节。

表达意见真实坦率——我们在表达意见时力求全面，而不是局限于以实现某一目标为目的。在做到清晰、诚实、准确的同时，我们还确保我们的意见为人所理解。

兼顾近期与远期目标——我们的决策着眼于近期和远期的风险及利益。如果两者得不到兼顾，可持续发展的目标是不可能实现的。

多元文化、兼收并蓄——百事的工作环境适合各具特点、思维方式各异的员工。这样做有利于培养员工创新及发现新市场机遇的能力，有助于提升员工开发新产品、努力实现增长目标的能力。

尊重他人、共同成功——百事公司的员工优秀、尽责，但各自为政不能实现公司的目标。我们需要有协作精神的优秀人才，无论是在职责分明的团队还是在非正式合作的场合都能够与他人协作。共同成功完全取决于对本行业的人的尊重，不论对方是否属于百事公司。我们尊重他人、注重团队协作，这也是一种快乐的精神，它使人们乐于加入百事，也是我们能够实现世界一流业绩的原因。

精准诠释价值观仅仅迈出了第一步，价值观是否真正被员工接受并在企业运营中得到践行才是价值观建设的难点，而企业价值观建设的成败，决定着企业的生死存亡。安然公司破产是一个非常典型的案例。美国安然公司（Enron）总部设在休斯敦，曾是世界能源巨头，在全球500强企业之中高居第七，2000年的生意规模超过千亿元，是许多美国人梦寐以求的最佳工作选择。“沟通、尊重、诚信、卓越”是安然的价值观，但是导致安然破产的一系列事实证明其管理层完全背离了企业的价值观。管理层让企业的价值观形同虚设，安然价值观的倒塌引发安然神话的破灭。事发前的安然公司给予员工大手笔的物质激励，特别是给予企业高层管理人员以巨额奖励。但这些强刺激的物质激励手段并没有给安然公司带来高回报，反而使其快速走向衰败。由此可见，价值观落地生根是物质激励效果的必要保障。企业价值观建设是企业成功的要素之一，很多成功的企业明确要求每位管理者自觉推崇与传播本企业的价值观，带动和引导员工深度认知并真正践行企业的价值观。

● 员工个人价值观与企业价值观越匹配，企业价值观越能在组织中获得滋养并繁茂

每个员工个体都有自己独特的价值体系，个人价值观是在内在性格与外在成长环境长期影响下逐渐形成的，具有较稳定的特性。个人价值观不仅影响个人的行为，还会对组织群体的行为产生影响，继而对企业的价值观产生影响。

阿里巴巴集团主要创始人马云先生曾说过员工离开公司无外乎两个原因，一个是钱没给够，另一个是心被伤了。本书在后面的章节会分析钱怎么没给够，这里先看心是如何被伤的。美国心理学家阿尔伯特·艾利斯提出了情绪ABC法则，A表示某一客观发生的事件，B表示人们针对此事件产生的一些信念，即对这件事的一些看法、解释，C表示人们产生的情绪和表现出的行为。通常人们认为自己的情绪是A（某一客观事件）引发的，而事实上是 B（自己的一些信念）所造成的。如一个管理者给其两位下属甲和乙分别进行工作辅导，辅导的内容和风格、形式等都相近。甲离开管理者办公室时沮丧且有些愤怒，接下来展现出的行为是之后的几天都不愿意主动找上级探讨工作。乙离开管理者办公室时却是喜悦与感恩，接下来几天都很主动地向上级请教一些问题。事件 A 都是管理者对下级的辅导，甲乙的情绪和行为 C 却完全相悖。为什么呢？因为在甲的信念或价值判断里，他认为管理者辅导他不应怎么做以及要如何改善是对他不认可和不信任的表现，所以他有沮丧和愤怒的情绪，而且不愿意再让这样的情景重现，所以事后避而不见。而在乙的价值判断里，管理者愿意拿出精力和时间专门指导他如何开展工作是重视和培养他的表现，所以乙的情绪就是喜悦与感恩，且更愿意主动请教管理者。不是所有的员工都持有与乙一样的价值信念，会将此事解读为管理者对自己的培养。因此有时管理者对下属的认真辅导反而会使员工工作积极性下降，产生消极情绪。如果这位管理者在做辅导管理动作之前，明确传递出他管理团队的价值理念，比如向员工表明他更愿意花时间和精力指导他所关注和重视的员工，更希望将自己的经验和方法传授给有潜力、可培养的员工身上。那么甲乙两者的情绪就很可能都趋向喜悦。甲有可能还是不接受这种管理行为，但至少甲的“心”不会被伤着。

上述例子重在说明这样一点，即人们的情绪来源并不是事件本身，而是用什么样的价值理念去解读事件。当一个企业提倡“加班文化”“狼性文化”“牺牲文化”时，如果某位员工认为获得个人成就、实现事业目标就需要全力拼搏，他的价值理念就与企业所倡导的一致，那么他对于企业一系列加班等管理要求都更容易接受认同，而不会强烈抵触。他会愿意持久高强度地投入工作，甚至会为实现工作目标选择自觉自愿地加班。但如果某位员工价值理念是“给我多少钱，我就干多少活，不求发展但求无过”，就较容易让“狼性文化”“加班文化”把心“伤”着，随之而来的可能就是抵触情绪，或者是在工作中“磨洋工”以找到心理的平衡感。因此在同一客观条件下的同一个事物，由于人们的价值观不同，对其解读的角度不同，就会产生不同的对应行为或情绪。对于同一企业制度，如果两位员工价值观相反，他们就有可能采取不同的行为，其所带来的结果也会不同。个人价值观与企业价值观的匹配度越高，员工就越没有被约束和监督的感觉，也就不易产生抵触情绪，员工也越能主动持续地展现出企业所倡导的态度与行为。同时，这类员工也更认同企业的目标、决策与文化，他们会对企业富有强烈的归属感，乐意充满激情活力地在企业这个大平台上追求更大意义的个人理想，乐意做出个人贡献甚至牺牲个体利益成就企业的目标。反之，若个人价值观与企业价值观相左，双方将相互耗损。因不认同企业价值观而情绪低迷的员工是很难被物质激励的，即使高薪高奖励也较难调动员工的工作激情。不认同企业价值观的员工也更容易出现抱怨、抵抗等负面情绪。如果他在组织内部不断传播对企业的不满，用自己的臆想推测企业管理方式并从他的视角向周围的同事“解读”企业管理行为背后的动机，那么他对企业的破坏力会十分严重。这样的员工能力越强，影响力就越大，破坏力也越强，留用他给企业带来的损失将远比让他离开企业而造成的损失大得多。

- **招聘是企业价值观传承的第一个环节**

影响候选人与岗位胜任度的因素有很多，如图 1-1 的胜任力冰山模型所示，候选人的知识与专业技能是易观察、易评测的，且通过培训等方式候选人知识与专业技能掌握程度是易提升的。而在冰山下的综合能力、个性特质、动机和价值观等，其难被观测的程度是逐层递进的，而且它们的稳定性更强，很难提升或改变，对人们行为的影响力也更强。因此企业在招聘员工时不仅仅要看他的知识、专业技能和经验，更需要注重其个性特质、动机和价值观是否与组织匹配。候选人的价值观与企业相近时较易接纳与认同企业的管理理念，企业的使命愿景对其吸引力和激励性也更强烈，这样的人才能与企业同行得更长久。企业在聘用重要岗位特别是带领团队的管理人才时，候选人的价值观与动机是否与组织匹配尤显重要。很多企业除采用常规的面试方法外，还会补充综合测评以及教练式面试等方法以提升对候选人冰山下胜任力的认知。

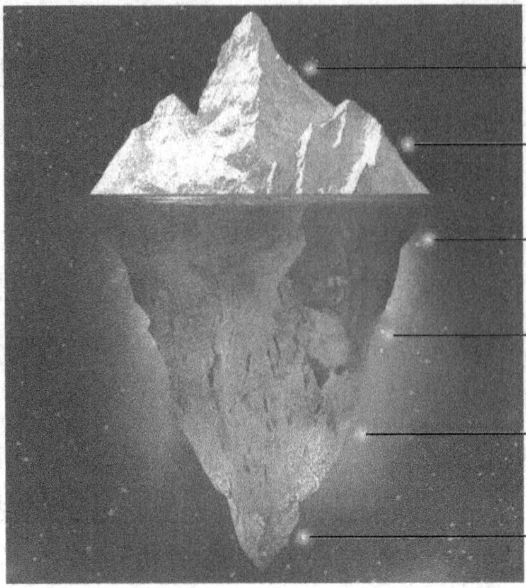

图 1-1　胜任力冰山模型

- **价值观只有落地执行，才能真正发挥作用并得以传承**

招聘到完全符合企业价值观的人需要好运气，绝大部分员工的价值理念与企业价值观会存在或多或少的偏差。因此需要让企业价值观更鲜明，使它在企业运营管理中发挥主流文化作用，影响和引导员工的行为。企业价值观的发展与完善是一个永无止境的持续优化的过程。首先，各层级的管理者在日常的管理中需要不断审视与自省，有意识地去觉察企业价值观是否落实到每个业务的决策中，是否体现在每一次会议精神中，是否运用到每一位员工的任免与奖罚中。企业价值观需要在每一个管理行动中得到展现，实现由点到面的累积，从而使价值观在企业中生根发芽永葆活力。其次，通过一定的机制去保障它落地执行。第一，宣传机制。例如，举办各种企业文化推广活动让员工体会、感受和理解企业文化，如通过企业文化白皮书详细诠释企业文化的含义；宣传符合企业文化的典型人物或事件形象地展示榜样的力量；开展价值观主题团队体验活动等。第二，制度机制。企业制定的所有规章制度、业务流程要符合企业的价值观，如员工行为手册、企业奖罚制度、薪酬绩效管理办法、业务审核管理办法等管理制度都应体现出企业的价值观。第三，沟通机制。企业要增强不同层级之间的思想交流，互动中了解彼此对企业价值理念的认知是否有差异，公司上下各层对企业价值观是否达成了共识。如定期举办民主生活会，反思企业现状中哪些偏离了企业价值观；组织各层级员工就某一管理现象进行讨论，表达各自的观点；组织各层级员工分享他们对企业文化的理解以及工作中的实际感悟等。如果企业期望员工的个人成长依靠企业的平台，员工的成功依赖企业的发展，就需要让员工将他的个人价值观与企业的核心价值观紧密相融。

在国内企业中，强势推动企业文化使之扎根于员工内心的典范非华为莫属。以下是任正飞的一次讲话的部分内容，他让华为“以奋斗者为本”的价值观不断深入员工的内心。

【经典案例 4】 任总在尼泊尔与员工座谈时的讲话

非常高兴尼泊尔代表处的进步，你们的一个项目曾经亏损，从大前年亏损 2.7 亿美金，到前年亏损 3000 万美金，再到去年盈利 2140 万美金。在喜马拉雅南麓一路爬坡，辛苦了。听说去年你们都涨了工资，我十分高兴。

巴西代表处也历经磨难，终于走上了成功之路。他们说，再过两年到三年能把前二十年亏损全部补回来，我认为五年能做平就不错了，我就很高兴了。巴西的亏损也有我们盲目领导的责任，不能全怪员工。你们真伟大，从泥坑里爬出来的人，都是圣人。我也向全球在努力扭转亏损的弟兄们致敬。

这次有机会去了珠峰大本营看了看你们的站点，到 5200 米，我真的不行了，得慢慢地走，不敢快，英雄不是当年。我想到，你们把一根一根铁塔部件背上山的艰难。十几年前，公司在西藏墨脱开通“450”设备的一个站点时，王文征带领 200 名民工，背着拆开的各种部件，历经 4 天 4 夜翻过 4 座 4000—5000 米的雪山，风餐露宿，开通了墨脱的通信，为公司在中国保留一个“450”设备西藏试验区做出了贡献。来回 8 天 8 夜，都是在野外啊，想想都流泪了。

网上传有员工 34 岁要退休，不知谁来给他们支付退休金？我们公司没有退休金，公司是替在职的员工买了社保、医保、意外伤害保险等。你的退休得合乎国家政策。你即使离职了，也得自己去缴费，否则就中断了，国家不承认，你以后就没有养老金了。

当然，你们也可以问在西藏、玻利维亚、战乱地区、瘟疫地区……英勇奋斗的员工，问他们愿不愿意为你们提供养老金，因为这些地区的奖金高。他们爬冰卧雪，可否分点给你。

华为是没有钱的，大家不奋斗就垮了，不可能为不奋斗者支付什么。30多岁年轻力壮，不努力，光想躺在床上数钱，可能吗？

春节期间我去了拉美。以前跑的是大国，体会还不足，这次跑的都是小国，深刻体会拉美员工的艰难。两个相邻国，本来一脚就迈过去了，因经济落后，没有直达飞机。结果要转三次飞机，每次飞 40—50 分钟，到一个机场等 2—3 个小时，再飞 1 小时，再转一次飞机，从下午飞，到第二天天亮才能到，而且全是经济舱。因此，我们要理解，他们不仅跨两个大洋，相隔我们两万公里，而且在陆地上，也非常不方便，有效工作时间也不足，在考核基线上，要考虑这些困难。我也经历过两次空中危险，幸亏飞行员迫降成功。

员工乘经济舱连续飞行 40 多个小时，他们这么辛苦，哪里想挤出钱来养那些不想干活儿的人。公司允许我乘商务舱，比员工还好一些，乘坐头等舱差价是我自己支付的，陪同人员的机票等是我自己支付的，并非公司支付。公司文件中，只有病员才允许陪同。

我承诺，只要我还飞得动，就会到艰苦地区来看你们，到战乱、瘟疫……地区来陪你们。我若贪生怕死，何来理由让你们去英勇奋斗。

在阿富汗战乱时，我去看望过员工。利比亚开战前两天，我在利比亚，我飞到伊拉克时，利比亚就开战了。我飞到伊拉克不到两天，伊拉克首富告诉我："我今天必须将你送走，明天伊拉克就封路开战了。我不能用专机送你，不安全，我派保镖送你。"结果前后一个大车队，十多名保镖，连续奔驰一千多公里，把我送上了最后一架飞机。一路上换车队，就如从深圳到西藏，经过广西换广西车队；经过贵州、云南换当地车队。粤 B 开到哪里，哪里就显眼。

我鼓励你们奋斗，我自己也会践行。谢谢在叙利亚、也门……奋斗的员工，至今我、徐直军、陈黎芳、彭中阳……都认为也门的饭是世界上最好吃的饭。

华为文化之强悍，不是因为他们提出的价值观有什么与众不同的理念，也不是价值观本身有多么慷慨激昂，任总阐明的都是一些朴实无华的内容，而且也不是华为独创的。那么华为的价值体系为何能激励人心，为什么员工愿意身体力行？

首先，华为做到了将制度体系与价值观体系高度一致化。华为强调“以奋斗者为本”，它的人才发展制度没有论资排辈之说，强调的是“打出来的将军”。所有晋级的人员都需有出色的业绩，在此之前，只有出色地完成公司指定的特殊且有挑战的项目任务才有资格成为晋级候选人。你若想从总监晋升为副总，你就要去国外很艰苦的市场打拼两三年并且拿到好的成绩才有资格入围副总储备人选池。你若想拿到更多的奖金，就要去最艰难的市场拼搏奋斗才能获得，那里的奖金基数是其他地方的好几倍。这些制度保障那些为华为“奋斗”的员工的利益。只有符合华为价值体系的人，才有机会得到华为的发展机会，获得相应的成就与回报。这个“指挥棒”公开、公正、公平，员工清晰地看到了它，才会相信在华为的发展是可以凭借个人的努力奋斗与主观能动实现的，而不是攀亲站队、阿谀奉承所及的。这个“指挥棒”能激发年轻基层员工的斗志，使其将更多的关注点放在与自身能力以及业绩提升有关的事情上，为华为奋斗成就自己的理想。

其次，领导者身先士卒、率先垂范。管理层要求员工“奋斗”的前提是自己作为员工的榜样，否则在员工眼里这些企业的价值观就是一种讽刺，或是用来“愚民”的工具而已。从上文任总的讲话中可以看到，这位 70 多岁身价上亿元的华为创始人本可享受安逸，却仍旧在奋斗，践行着企业的价值观。若再有管理者不愿奋斗，华为因此而对其进行批评或处罚，他内心可还会有极大的怨恨？在华为，如果一个管理者不能成为员工的榜样，其过往的功劳苦劳均会被严肃处理，而且华为会说明这样处理的原因，不藏着掖着。每一项对员工的管理决定，都清晰地向员工传递了在华为的价值体系中什么是对的，什么是错的。有些企业的管理者因违背企业价值底线而被辞退后，企业选择避而不谈，员工私下就会有很多的猜测。再加上被辞者碍于面子，与别的员工谈及此事时，几乎不可能承认是因自己的过错而离开，有过激之人还会歪曲事实，那么在职的员工们就有可能被困扰或误导。这样一来，企业的价值体系非但没有得到重申反而被模糊与曲解，是以企业在“扬善除恶”的时候应当讲明处理原则，使员工进一步明晰企业的价值观。

最后，持续修正员工对价值观体系的认知。华为每年都会有几次如上文所提到的“任总讲话”。除此之外，华为总部每季度还都下发一些文件让全体人员学习和讨论，这些文件实质上都在传递和强化华为的价值观。每年，华为都会举办各种活动以及表彰或处罚会议，旗帜鲜明地对员工行为进行宣扬或批判，强势推动华为价值观的深入。不论是哪种形式，它们都有一个共同的特点：精准、及时。华为对员工当下的士气、心态捕捉是极为敏锐的。在企业发展的某一时期，员工可能会出现什么思想波动或不符合企业发展的心态都会被打“预防针”，员工对价值观的理解与执行有懈怠或偏离时常常能被准确地“诊断”出来。而一旦有所发现，华为会毫不犹豫地“对症下药”，将“病症”在初现苗头时控制或消灭，不会让员工积累负面情绪，更不会让与企业价值观相背离的思想蔓延。华为深知，如果让它们以主导态势存在于组织中，将给企业带来颠覆性的毁灭。

小结

心理学的“ABC”法则帮我们解释了为什么对企业认同感和归属感强的员工更易获得精神层面的激励。企业的价值观越鲜明、发声越强烈，才越有可能形成强有力的主流文化，越有可能影响员工的价值选择。在共同的价值理念中上下同欲，士气才有可能高昂，员工才能更有激情地去挑战目标、创造价值。

第二篇

企业环境——激励员工的土壤

【主要内容】

- 良好的办公环境能否使员工更有效地工作?
- 企业的软环境对员工工作激情有多大的影响?
- 企业管理机制是否能支持有能力、有意愿做事的员工投入地做事?
- 有效的目标管理与分工合作可以让员工更尽责吗?
- 公司整体能力强是否有助于提升员工的行动力?
- 什么样的团队氛围更能激发员工干劲?
- 管理者的风格如何影响员工的积极性?

人是环境动物，人们的行为、情绪甚至思想都会受到周围环境的影响

按照密西根大学商学院的特鲁普曼教授在整体薪酬学中所说，工作环境是员工的“心理收入”，被视为员工整体薪酬的一部分。心理收入是指员工从工作本身和工作场所得到的精神上的满足，能对员工产生重要的激励作用。心理收入比物质薪酬更能激励员工长期投入地工作，特别是当员工薪资和福利待遇已达到行业的平均水平，工作环境就是保留和激励员工的重要因素，是激发员工工作动力的土壤。

关于工作环境与员工激励之间的关系，全球著名的民意调查和商业研究公司盖洛普公司进行了长期大量的测量。盖洛普 Q12 测评法就是针对员工敬业度和工作环境关系度的测量，它通过对 12 个不同行业、24 家公司的 2500 多个经营部门进行数据收集，然后对不同公司和文化的 105000 名员工态度的分析，发现这 12 个关键问题最能反映员工的保留、利润、效率和顾客满意度这四个硬指标。Q12 中代表性的题目有以下几个。

“Q02 我有做好我的工作所需要的材料和设备”，向员工提供做好工作所需的材料和设备是支持员工工作的首要行为，良好的物理环境是最大限度发挥员工潜力的前提基础。

“Q03 在工作中，我每天都有机会做我最擅长做的事”，员工只有在工作中用其所长时，才能充分实现其潜力。当一个员工的天生优势与其所任工作相吻合时，他就可能出类拔萃。企业的管理层是否能做到知人善任，将合适的人放在合适的位置，将员工特有的优势识别出来，并让员工有机会充分地发挥出来，决定其是否能给予员工最想要的激励。

“Q08 公司的使命 / 目标使我觉得我的工作很重要”，如本书第一章内容

所讲述的，企业如果能将公司的价值、目标和使命与员工个人的价值相联系，员工就会有很强的归属感和目标感。如果员工认为他的工作对公司整体目标很重要，这将增加他的成就感与责任感。良好的工作环境是激发员工动力的沃土，这里所指的工作环境不仅包括机器、设备、办公环境这类的硬环境，也包括企业制度、流程、团队士气这样的软环境。

2 第二章 企业的硬环境

2.1 工作环境影响员工行为

詹姆士·威尔逊及乔治·凯林提出了犯罪心理学中的“破窗效应”理论，该理论认为环境中的不良现象如果被放任存在，会诱使人们效仿，甚至变本加厉。以一幢有少许破窗的建筑为例，如果那些窗户没有修理好，可能会有破坏者破坏更多的窗户，最终他们甚至会闯入建筑内，要是发现无人居住，也许就在那里定居或者纵火。一面墙如果出现一些涂鸦没有清洗掉，很快墙上就会布满乱七八糟的东西；一条人行道有些许纸屑，不久后就会有更多垃圾，最终人们会理所当然地将垃圾顺手丢弃在地上。这些现象都称为犯罪心理学中的“破窗效应”。

【经典案例5】 良好的环境改变人们的行为

20世纪七八十年代纽约以脏乱差闻名，环境恶劣，同时犯罪猖獗，地铁情况尤为严重，甚至是罪恶的延伸地，平均每7个逃票的人中就有一个通缉犯，每20个逃票的人中就有一个携带武器者。1994年，新任警察局局长布拉顿开始治理纽约。他从地铁车厢开始治理。车厢干净了，站台跟着也变干净了，站台干净了，阶梯也随之整洁了，随后街道也干净了，然后旁边的街道也干净了，后来整个社区都干净了，最后整个纽约变了样，整洁又漂亮。现在纽约是全美国治理最出色的都市之一，这件事也被称为“纽约引爆点”。

调整环境其实就是通过环境的改变让正确行为更容易出现，错误行为更难以发生。比如银行里设置排号机，人们就不会乱插队；交管部门设置道路标识，就会减少交通事故。心理学研究表明：良好的工作环境不仅能提高工作效率，而且能对员工的满意度有正向影响。

根据赫茨伯格的双因素理论，工作环境属于保健因素，差的工作环境会导致员工不满意度增加，降低对工作的兴趣与投入度。如果可以选择，没有一位员工乐意每天待在脏乱差和危及健康的办公环境中工作。另有数据表明，单调枯燥的办公环境容易让人有视觉疲劳感，思维活跃度低。全封闭式房间会让人潜意识里认为沟通有壁垒，降低员工之间沟通的意愿度，这成为跨部门合作困难的原因之一。企业高层奢华的办公室也会让员工感受到不平等，心理距离使得大部分员工会选择尽可能少地与高层管理者沟通工作信息或获取高层反馈。这也是造成员工满意度低的因素之一。

另外，办公设备是否智能化也对员工的工作效率和积极性有影响。例如，一名需要经常运行、整理大量数据的销售助理，如果电脑的配置很低，他每打开一个数据库都需要等 10 多分钟，正在处理数据的电脑会突然死机，而前面的工作尚未及时保留，不得不重新做一遍。试想这位员工能有多高的热情投入他正在从事的工作中？又如，因为没有信息化办公系统，员工需要人工重复处理大量基础信息，人工完成简单但繁重的信息收集整理工作，不仅效率低还容易出错。这样的工作方式产出的数据准确性与及时性也难满足管理者的决策需求。员工很难从这样的工作中获得乐趣，也不太可能会产生价值感和成就感，管理者也会因此产生焦虑烦躁感。有些企业希望通过降低对办公设备应有的投入以节省成本获得高利润，实际上这样做反而会造成员工绩效与满意度双低的结果。

2.2 工作环境对员工的心理暗示

硬环境不仅对员工行为和心情有直接的影响，而且会对人们的思维意识有很强的暗示。

【经典案例 6】 硬环境的暗示作用

《精品购物指南》早期经营得并不好，20 世纪 90 年代后期公司领导看准机遇确定准备转型，先是领导在员工大会上进行宣传，对转型还未弄明白的员工们随后发现公司开始重新装修了。部门间封闭式的高墙被隔断取消，同时原本平淡无趣的白墙、整齐的办公桌椅、严肃的会议室被装饰得越来越前卫、精致和奇特。一段时间后编辑记者们的工作状态，撰稿文风都从传统保守变得标新立异起来。

硬环境对员工的心理暗示作用越来越受到企业管理者的关注。企业的硬环境除考虑保障基本的安全性、舒适度和合规性（如制造型企业的生产车间，它的工作环境就要严格符合行业的法规标准）外，还有必要与企业所在行业特点，员工的工作风格紧密相关。近几年，互联网、创意类公司在办公环境设计理念上趋于打造易于头脑风暴的沟通空间，从而提升员工间的互动，激发创意。如谷歌公司富有趣味又极具人性化的办公室设计享誉全球，是互联网精英们期望加入的工作乐园。谷歌除力求充分满足员工工作的各类需求外，还在办公场所配置了各种奇怪、好玩的设施，这些给员工带来娱乐和新鲜感的同时，使他们的思想处于兴奋发散的状态，易迸发出更多创意灵感。因此，提供相匹配的硬环境有助于引导员工按企业期望的方式工作。

小结

是否被激励是一种心理感受，它更偏向于感性，更像是一种内在的情绪，当这种情绪带给人行动的动力时，就发挥了激励的作用。心里的感受会由情绪带动，而外部的环境会直接触动人们的情绪。正如如果一个个部门都大门紧闭将增加跨部门沟通合作的难度，因为物理的隔断会加强心理的隔阂。另外，硬环境的风格会影响人们的行事风格。如极其整洁条理的环境会使人倾向规范严谨的行事风格。企业希望员工展现的行事风格与所提供的硬环境风格越匹配，环境就越能发挥激励的作用，反之将起到压制的效果。

3 第三章 企业的软环境

一个企业能不能吸引和激励人才，软环境有决定性的作用

近几年，各地政府在发展经济的同时加大了对“软环境”建设的投入力度。这里的软环境是指在经济发展中，相对于地理条件、资源状况、基础设施、基础条件等“硬件”而言的思想观念、文化氛围、体制机制、政策法规及政府行政能力水平和态度等。如法制环境是软环境中重要的组成部分。如果一个城市的法制环境是规范的、公正的、高效的、宽松的，那么它在招商引资时就具有很强的竞争力，同时当地的百姓也会积极地创业安居。与之相同，企业的软环境包括管理者的管理哲学、企业制度规定、工作氛围、运营管理水平等。有阅历的候选人在进入一家企业前不只是关心薪酬职位，还会去了解这家企业的“软环境”。职业经理人空降至新东家失败的最大原因之一就是“水土不服”，也就是对企业“软环境”的极其不适应。“软环境”很多时候看不见摸不着，像空气，久在其中的人习以为常，较难发现它的存在。而新加入的人会有特别强烈的感受，一下就能嗅出这里的“空气”是否清新有生机。

笔者的一位朋友曾聊起他的困惑：“我原来供职的公司大家分工明确，各司其职，各尽所能，员工的工作量虽然都是比较满负荷的，但是如果有人需要支持或需要共同合作时，同事间都会尽全力给予帮助。在那里人际关系比较简单，没有什么站队一说，人与人之间不用那么戒备，虽然也不时有冲突或争吵发生，但基本上是基于工作上的，事后该怎么合作还会怎么合作。没有什么职场‘宫廷剧’。累是累了点，但是心里舒坦，大家工作开心又高效。而现在的公司薪酬是给我翻倍还多，但是我确实干不下去。大家彼此之间钩心斗角、拉帮结派，不是合作而是拆台看笑话。一个干活儿的旁边站三个挑

刺儿的。我实在不理解这些人在做什么，公司为什么还允许这些人存在，而且他们在公司里还过得很滋润。我不具备那样的‘素质’适应这样的环境，根本无法开展工作，我也没有心情工作，因此我想选择离开了。”

《晏子春秋·内篇杂下》：“橘生淮南则为橘，生于淮北则为枳，叶徒相似，其实味不同。所以然者何？水土异也。”后人遂用“南橘北枳”来比喻环境对人的影响。很多企业都会在新员工入职半年内至少访谈一次，从新员工的感受中反思企业的软环境在哪些方面需要调整或变革，更有助于员工在企业中工作、成长和发展。良好的软环境可以调动起员工的正能量、士气和归属感，同时也是企业的形象口碑，它能提升企业在市场竞争人才的实力。

3.1　企业的管理机制

● 管理机制设置是否科学合理、公平公正，对员工能否积极投入工作有很强的影响

管理机制是企业软环境的重要组成部分。管理机制设置是否科学合理、公平公正，对员工是否愿意积极投入工作有很强的影响。如果想打击员工的工作士气，那就让公司充斥繁杂的工作审批流程。复杂的制度流程导致工作低效，最可以熄灭员工工作的热情。可口可乐公司的总裁、董事基奥先生在《管理十诫》这本书中写道：“我第一次到可口可乐总部工作的时候，秘书因为得不到几只铅笔哭了起来。原来要想得到这几只铅笔，需要填写单子，走流程。而填单子的人又休假了，同样的事情还发生在订书机、书架、复印机上。她崩溃了。我意识到官僚作风已经很严重了。”

如果一项简单的业务也设多个节点，需要多层复核与审批，其结果就只会是没有人愿意在这样的组织多做事，因为只要做事，就要付出很多额外精力。人们会本能地计算投入产出比，不会自愿去做那些很费力却意义不大的事情。多层的复核审批也让组织找不到谁应真正对这项业务承担责任，因为有太多责任人，而且人们也会觉得自己的这项职责并不重要，从而不认真履行。那些喜欢设计繁杂流程并享受“权威感”的人，就是“官僚”的代言人，他们不仅自己不作为，还要阻碍他人获得成功。他们会竭尽全力保护自己的

“领地”，有时表现出对工作认真负责、一丝不苟的假象，实质是在人为地设置高门槛，意在阻碍工作的进程；有时阻止信息的有效沟通，甚至选择性地夸大、缩小或歪曲一些信息，混淆视听，使想做成事的人知“难”而退。很多优秀员工正是因为觉得这样的“慢节奏”“无效率”的官僚作风是在浪费自己宝贵的时间，耽误自己的职业发展，所以最终选择离开公司。正是这样糟糕的企业管理机制把优秀的人才一步步推离公司。

因此在激励员工之前，先要审视企业的管理机制是不是允许员工充分发挥才干。如某企业的研发人员，他们的职责是创造全新产品。新产品上市越早，越能在抢占市场份额上占优势，而且产品专利还能给潜在竞争对手设置较高的门槛。该企业对研发人员的绩效考核算法是，固定的奖金基数乘以绩效得分系数。影响绩效得分高低的因素中有一项是成本控制，在绩效中占比25%，其他还包括首次产品开发成功率25%、产品进度30%、员工行为能力20%，共4个维度。从绩效制度看，研发人员要想拿到高额奖金就需要降低成本，减少出错率，这看上去对企业经营管理很有利，但实质上研发人员却很容易因担心出错和多投入成本，而在研发时缩手缩脚、思而不研、研而不发，不敢投入试错，导致项目进展速度缓慢，错过抢占市场的大好时机，企业的隐性损失远超过显性成本。而且，对研发人员试错的包容度不够，也将使研发人员对创新的热情和兴趣逐渐被消磨殆尽。

激励研发人创新热情的机制应该是什么样的呢？鼓励创新的机制应像3M公司的“15%法则”一样具有一定自由度，给予员工充分的探索空间。

【经典案例7】“15%法则”激发研发人员创造力

3M公司为了实现其源源不断地制造创新产品的远景目标，允许员工有自由空间施展个人创新设想，特建立“15%法则”的管理机制，以激发全体成员的创造力。3M要求公司的科技人员花费其15%的时间，在自行选定的领域内从事研究和发明创造活动。在这一制度下，公司员工被激发出的创造力为公司带来了一连串获利丰厚的创新产品，从大名鼎鼎的立可贴到反光牌照等无所不包。自从实施“15%法则”之后，3M公司的销售及盈利均增加了40多倍。

好的管理机制能调动起员工的积极性，允许他们发挥出自己更大的价值，相反，有些不适宜的管理机制能让员工逐步失去工作动力，不愿履行自己的职责，更不用说调动员工的潜能创造出更多的价值了。

曾接触过一家对销售采取高度集权制的企业，销售人员从一线员工到总经理有6个层级。公司财务制度规定费用超过5000元的销售活动需要经总经理审批后才能执行。某一销售员得知竞品企业近期有多次冲击销量的市场活动，他希望在近期也邀请当地行业专家参加公司产品宣传会，巩固产品在当地的优势地位，减弱竞品对专家的影响力。此项市场活动的申请表是3月初提交的，经销售经理签字后，又经过省区经理、大区经理、销售财务人员、销售总监、总部财务签字，最后到总经理签字，一路签下来历经1个多月的时间。销售员获准可以开展市场活动后，立即逐一邀请有关专家，能正式举办产品宣传会时已近5月。此时竞争对手对行业专家的洗脑工作已经完毕，该销售员举办产品宣传会阻击竞品销售的初衷没有实现。事后，他反而还因市场费用投入产出低、市场份额下滑被批评和扣罚奖金。企业这种销售决策机制和奖罚规定，会带来什么后果呢？这会让大部分人明哲保身，选择不作为，等上面领导定决策，工作只用手用脚，不动脑动心，而这是人力资本的最大浪费。长期处于这样工作状态的员工是不可能喜爱上工作的，也不可能从工作中获得自我实现的需求。企业设置层层的签字审批环节，真是对业务严格把关吗？事实上，每个签字的人可能想着接下来的那个人反正还要审，由他把关吧。而每个接下来签字的人又可能想着前面那个人签字了估计审查无误了，闭眼签吧。通常，超过三级的业务签字，再签字时就可能变成了一种纯粹的签字形式或是对权力和地位的彰显而已。

通常对于竞争激烈且复杂的销售环境，企业需要借助销售一线人员的专业判断及快速反应，抢夺先机，规避风险，或依据竞争对手动态，采取打击防御策略。如果想成功实现这样的销售管理，企业的决策机制应该是“让听见炮声的人做决策”，对他们充分授权，做到责权对等。企业销售业务决策流程与内部合规审查流程可以采用分离操作的模式。首先，业务决策依据项目的重要程度进行最多两级审批决定。这样既缩短业务决策层级与周期，快速反应，又能让销售人员感觉到被支持与信任。让销售人员对结果负责能激发销售人员的斗志，不断提升自身的专业判断力。其次，内部合规审查流程紧跟其后。如果业务处理没有问题，合规审查不会对其业务进展有任何影响；如果审查中发现问题，也可以及时纠错，然后再严肃从重追罚也不迟。

衡量一个管理机制好不好的标准就是员工在执行它时，是不是能充分发挥能力，创造出更多的价值。企业中若存在错误的管理机制，不仅不能激励员工，而且会让员工付出很多辛劳也难把事情做对、做好，个人与企业均受损失。相反，好的管理机制，管理者不用在监督管控上花太多精力，而且能充分调动员工的内驱力，使员工自发高效地执行。

【经典案例 8】 裂变式创业激发员工的潜力

芬尼克兹是一家研发生产热泵的集团公司。公司的创始人宗毅先生创造出了一套独特的裂变式创业模式。从 2005 年创业至今他用这种管理机制创建了 10 多家裂变公司，均获得成功。这套模式的核心就是将母公司的优秀核心骨干转变为裂变公司的创业者。芬尼克兹公司提出某一新项目，鼓励入职 5 年以上优秀骨干自愿参加此项目的创业大赛。骨干可以在公司内部自由选择团队成员组建成创业团队。每个创业团队通过两个月的时间就公司的新项目提出创业设计方案。企业的管理层和优秀员工是项目创业大赛的评委，他们就创业团队设计的商业模式、盈利模式、运营管理等方面进行评估。用投票的方式选出哪个创业团队的方案获胜。特别之处是，评委投票投的是真金白银，也就是说，评委是真的将自己的钱投资给他们所看好的创业团队，成为他们的股东。获胜的创业团队成员也要自己出资，成为这一项目的创始人，自此裂变公司正式成立。芬尼克兹的创始人占 50% 的股权，创业团队占 25%，评委投资人占 25%。当裂变公司赢利时，创业团队分利润的比例超过 25%。芬尼克兹的骨干员工转型成为其裂变企业的创始人，享受高额的利润回报。

这套管理机制就充分调动了各层级员工的动力。原来公司的“老臣”们有能力、有意愿的可以借此机会创业，没有能力或意愿的可以成为裂变公司的股东。这减少了“老臣”们想论资排辈的心理，又给新生力量让出了很大的成长空间。为了让裂变公司更好地获利，自己能获得更高的回报，“老臣”们也会全力支持创业团队，从而减少新老力量的抗衡，降低内耗和人为冲突。有创业精神的优秀骨干有机会借助公司的资源与平台创建自己的公司，实现自己的创业梦想，不想创业的优秀员工可以作为投资人成为裂变公司的股东，获得额外回报。新入的员工会特别努力做好手头的事，只有成为优秀员工才有资格成为创业团队的成员，或者成为裂变公司的股东。各层级员工的内在驱动力被充分调动，工作的投入度极大增强，十几家裂变公司想不成功都难。好的企业管理机制决定了组织能强劲持续地发展，同时也是激励人心的重要保障。

小结

通常会从两个维度评估企业氛围好坏，一个是有能力、想做事的员工是否被允许持续做成事，另一个是做成事的员工是否得到褒奖，故意做坏事的员工是否得到惩戒。如果企业的管理机制天然设置了或当权者人为设置了障碍，加大了员工创造价值、获得成就以及自我实现的难度，其他的激励手段都很难再发挥作用。相反，如果企业实施的管理机制有助于员工成长，支持员工创新创造，给予员工施展其才能的空间，尊重员工的价值，将为员工成就提供强大的助力，成为最有效果的激励措施。

3.2 清晰的目标与合理的分工

- **清晰的团队目标和个人工作目标让员工摆脱迷茫，工作更投入**

最先提出“目标管理”概念的是美国管理大师彼得·德鲁克。他认为有效管理的第一任务是设立目标。不是有了工作才有目标，而是有了目标才能确定每个人的工作。组织目标清晰是明确员工任务职责的基础。任务明确时方能授予员工与之匹配的责与权。员工只有清楚自己当下的任务以及任务与组织目标的关系时，才可能调动起主观能动性，自发思考短期与长期的行动计划并采取有效的行动。提到“目标管理”的成功案例，通用电器公司（GE）为我们做了很好的榜样，他们的目标管理是业界的标杆。

【经典案例9】 目标管理系统战略部署

每年第一季度GE召开全球运营经理大会，宣布新战略新举措，启动新一年战略实施计划。2月，全公司上下全力实施新目标管理系统。3月，进行目标管理评估会。第二季度的首月，在内部网上对全员进行CEO调查，征询员工意见，并且了解员工是否感受到了今年公司的战略与价值观。5月，对业务经理的目标管理进行考评。6月，总结年度目标实施中的优秀经验，分析实施过程中的管理问题与领导能力问题。第三季度分析经营环境、财务回报，设定新三年战略目标，同时设定下一年度经理管理目标的工作。9月，提出新一年度的新举措、新目标。10月，全球150位高级经理召开会议，讨论下一年度运营计划的重点；提出关键新举措的成功之处；总结上一年度计划实施中的成功经验。11月，各级业务领导提出希望达成的目标及详细运营计划。12月，讨论通过各业务部门提出的关键运行实施要点，并为次年第一季度做准备。

这套运营系统保证了GE所提出的任何一项重大战略目标，在一个月内就能够完全进入操作状态，而且每季度都在不断检视目标实现的状况，循环提升目标管理的效果。GE的目标管理是一个管理系统，例如他们将目标计划作为全年绩效考核的基础，每个经理都必须接受目标管理的培训与考试，确保经理在分解部门目标时能将每个员工的目标与部门目标保持一致。而且设定目标时，要符合GE提出的SMRAT&A/+B原则（具体的、可衡量、可实现、现实的、时限的以及共识的与平衡的）。确立员工目标时要与员工进行充分沟通，确保每个员工都能准确理解部门的目标，邀请员工共同讨论并设定他们个人的年度目标，让员工完全知悉与目标实现相关的信息与资源，调动起员工对目标达成的渴望。

当团队成员既知道团队共同的目标又清晰个人目标会如何支持到团队大目标时，这就构成了员工投入工作的良好开端。而模糊或多变的目标会让员工没有方向感，因为当他们不清楚目标时就很难确定该做什么，做到什么程度，这将无助于个人或团队目标的实现。如果不能获得组织的认同或为组织创造价值，体现不出做事情的价值，就会让那些成就导向很强的员工感到受挫和失望。如果长期处在目标不明晰的状态，他们的工作热情将不断下降，当他们感到在浪费自己宝贵的职业生命时就一定会选择离开。而对于那些想混日子的员工，模糊或多变的目标是“磨洋工”或推卸工作的最好理由，因为没有目标可以约束他们，也没有衡量工作质量的标准，他们可以随意地只把工作做到他们想做的程度。他们视这样的状态为“沃土”，“当一天和尚，撞一天钟”的状态令他们轻松自在，所以混日子的员工更愿意留下来舒服度日。“劣币驱逐良币”，团队的整体工作效能降低，工作氛围也日趋涣散。更可悲的是，因不能获得成就感的优秀员工在市场上找到更高薪的工作，其原上级管理者会得出优秀员工离职的原因是薪酬太低，希望公司提高他们部门同类员工的薪酬以留住人才，而促使优秀员工离职的根本原因却没有被关注和解决。所以会出现人力资源管理中常见的现象：加薪并没有使团队成员的工作积极性增强，有些入职初期很优秀的员工在这个团队中越发平庸，每年调薪不少却再不具有刚进公司的那股拼劲。这种情况下如果团队管理者只会用加薪挽留优秀人员，而不解决根本的问题，优秀人才即使留下来也只会逐步变成混日子的员工。

- **合理分工，管理者要为下属的工作扫清障碍**

目标清晰是管理工作的第一步，接下来还需要合理地安排每项任务，如果工作任务混乱无序也会导致劳民伤财，员工士气低落。前段时间在网上看到一个“将帅无能，累死三军”的笑话，有位农民工给他娘写信，不断告诉他娘是什么原因使得他迟迟不能回家团聚。

娘，你好，我在A市公路上干活，市里要开世博会了，在拓宽道路，我跟老板干，估计一年后就可以回家了！

儿 狗剩

娘，你好，一晃一年多过去了，我还在这条公路上干活咧，赶着开世博会，修路时忘记挖下水道了，现在会开完了我们重新挖，可能又要干上一阵子了，等干完了儿子就回来看你老人家。

儿 狗剩

娘，你好，两年啦，我还在这条公路的工地上咧，下水道终于挖好了，不过煤气管又忘了，现在又要挖。对不起啊，娘，又不能回来看你了，我保证这回埋好煤气管我一定回来看你！

儿 狗剩

娘，你好，五年啦，我还在这条公路的工地上咧，我都有点不好意思写信给你了。这几年一直在这儿挖了铺，铺了挖，一会儿是电缆，一会儿是天然气，一会儿又是排水管……娘啊，我想你，老板不让我们走呀，我来A市5年了除了这条公路我也是哪也没去啊！娘啊，原谅儿子不能回来看您，别死，等我，儿子一定回来孝顺您老人家！

儿　狗剩

信中内容可能夸张，不过在现实生活中也确实存在公路挖了铺，铺了挖的情况。在企业实际的工作场景中，当员工看着自己的劳动成果因上级思路不清而被反复抛弃，同类的工作无价值地反复重新做，试想他还剩多少责任心和动力去竭尽全力完成新交代的工作任务？更多的可能是团队成员有所抱怨，对上级新下达的任务持观望态度，因为事情做得慢些，返工的内容还会少些。德鲁克先生在谈到管理的任务时曾说："每个员工都希望有所成就。管理者需要使自己的工作卓有成效，就必须使员工拥有成就感。同样，管理者也需要使下属的工作卓有成效。而使下属工作卓有成效的关键之一就是要为下属的工作扫清障碍。"作为管理者，"为下属的工作扫清障碍"不仅是其重要的职责，也是对员工的一种有效激励措施。当员工出色完成每项任务，就创造出对组织的价值，每位员工都会在意自己努力付出的劳动是否能创造出价值。如果员工时常做一些无用功，那将对他们的积极性造成极大的挫伤。如果不能从工作中获得成就感，即使他们获得了较好的薪酬也将感觉不到自己的价值所在，还会因此变得焦躁或迷茫。

上文狗剩的信写的是任务安排混乱无序，他也可以这样写："娘呀，你要再等等啊，挖路的时候，挖掘机没到，我们要等它，两月后才开工；该埋管道时，工头忘记提前采购啦，我坐路边等了一个多月才干活儿。还有，我们的电缆又用完了，工头说这事归采购的管，采购说归工头管，他俩最后谁也不管，娘呀，我又要在路边等个把月啦。娘，对不起呀，今年过年又回不去啦。"真实的企业管理中，这种事无人负责或事由多人负责的现象屡见不鲜。任务分工不清晰，必然导致责任的互相推卸，进而将使员工想做事但无法做事，而且将增加团队成员间的内耗冲突，影响员工的工作投入状态。合理的任务安排和恰当的分工与协作是实现组织共同目标强有力的"基石"。在企业发展中常常有项目性的工作开展。管理者的项目管理能力高低会决定项目计划、资源调配、分工协作等方面是否合理，这些对员工是否能积极投入工作，出色完成任务都有着重要的影响。管理者的重要职责是调动团队整体的力量，让团队成员超越自我，高水平发挥，实现 1+1 ＞ 2 的效果。管理者在辅导员工提升工作能力之外，很重要的一点还在于为团队成员制订出清晰的目标，并对实现目标进行合理的任务分解与分工。管理者应尽最大的可能为员工创造无障碍的工作条件，让他们在工作过程中享受愉悦，收获成就感，从而提升员工工作的幸福指数。

小结

有时我们可以看见组织中的员工像快速旋转的陀螺一样不停地忙碌着，但业务却几乎毫无进展。随着时间的推移，员工失去了自转的热情，闲散的状态陆续发生。如果这时管理者判定员工的工作态度有问题，那无疑将是一次误诊。不知道目标在哪，一遍遍重复无用功会耗尽员工的激情。同样，混乱无组织的凌乱状态会让员工手足无措，失去对工作的兴趣。

3.3　企业整体能力

- **企业整体能力强更易使员工创造出价值**

很多初入职场的应届生优先选择进入 GE、IBM、P&G 等知名外企。这些企业的薪酬在行业排名只是中等偏上，并非最高，是什么吸引了这些年轻人？答案是企业强大的整体能力。这些企业积淀了大量的科学的工作方法、工具、技术等，新手在接到任务时知道从哪学起，能迅速掌握工作的关键点，不用自己艰辛地摸着石头过河，这对大部分新手的成长很重要。同时，这也降低了新员工的工作难度，让其能很快做出高质量的工作结果，这对新员工信心的树立与士气的提升都有积极的作用。国际绩效改进协会曾提出，提高团队的业绩水平首先要考虑的是“技控”，然后才是“人控”。这里所说的“技控”就是企业的整体能力。如果缩小范围到一个团队，整体能力是指管理者能否建立一套好的工作方法、技术、流程等以降低员工实现高绩效的难度。“人控”就是通常所说的通过培训、沟通等管理手段提高员工个体能力或改变其态度。若企业整体能力低，通常就要求员工个体的能力和经验更高一些。当企业整体能力强时，则能够让普通能力的员工做出超出自身水平的高绩效。强大的"技控"能力是高绩效企业的重要标志，也是企业的核心竞争力所在。就团队来说，"技控"水平是衡量管理者是否优秀的重要依据。管理者的"技控"能力越高，越有可能让整个团队高效出色地完成任务，同时也越能减少团队员工的挫败感和压力。执行难度降低却能实现同样的绩效结果，当员工们看到可行性和可实现的方法时，他们的行动意愿就会被激发，从而更积极地行动。

【经典案例 10】 整体能力提升，达成更高业绩

某家银行推出新的理财产品，新产品的销售提成奖励是老产品 3 倍。银行管理者预测新理财产品的销售量会有比较好的业绩，因为对销售人员的奖励力度提升了 3 倍。然而一个季度后，管理者发现，销售人员更愿意卖老的理财产品，而不愿意卖新产品。管理人员进行调查，发现顾客对老的理财产品比较了解且信任，不太需要销售人员的介绍，销售人员只要提供简单的展示服务就好，很容易就能成交。而销售新的理财产品需要销售人员用大量的时间向顾客介绍，而且很有可能因顾客听不明白或不信任新产品能带来价值不愿购买而失去成交机会，所以销售人员对销售高度回报的新产品没有积极性而选择向顾客销售更易成交的老产品。银行的管理者没有简单用增加奖励额度或者是处罚未完成新产品的销售人员的方式，也没有直接组织各种产品知识的再培训。首先，银行从已购买新理财产品的人群中找出他们的共性特点，将信息设定为潜在客户的搜索信息，并针对性地开发出一个软件。当有顾客去银行办理理财业务时，工作人员输入顾客资料后电脑将依据潜在客户匹配性提示工作人员当前的顾客是否更有可能购买新理财产品。其次，银行管理人员组织销售顾问调查那些以往卖新理财产品相对较好的销售人员是如何向顾客介绍新产品的，以及介绍时采用哪些沟通技巧等。销售顾问将这些成功的经验汇总并提炼出新产品的销售话术。针对不同类型的顾客有不同的话术内容与谈话技巧等。最后，不仅组织销售人员学习演练销售话术，而且将重要话术内容加入前面开发的软件中，当需要向某类潜在顾客介绍产品时，这些针对性的话术内容会出现在工作人员的电脑屏幕上，降低他们记忆的难度。银行通过采用这一系列方法使银行整体的销售能力增强，大大降低了员工个体销售新产品的难度，激发了员工主动销售新理财产品的热情，使新产品的业绩目标顺利实现。

在前述的案例中，银行的销售人员不是单兵作战，只凭借自己的能力完成一项有挑战的任务。公司凭借大数据库、信息化手段和销售顾问等专业资源为他们铺好了一条相对平坦的路。管理者提炼出成功的销售话术与流程，使销售人员能直接采用最有效的战术，而不需要他们从头摸索找规律。销售人员需要做的就是把握每次与潜在客户沟通的机会，只要准确而热情地向顾客传递新产品的信息就有很大的概率成功。银行整体作战能力的提升降低了对个体能力的要求，同时增加了成功率，销售人员也更有信心拿到提成奖励，这怎能不提升员工的执行动力和销售热情呢？

企业整体能力强，一方面是指各部门专业能力强且各部门能有效协同统一作战，另一方面是指企业能建立知识积淀管理机制，把曾实践出来的有效工作方法、工具、规范、流程等积淀下来，形成企业版的任务解决手册，并在此基础上不断完善，以此减少新手重复摸索的代价，让新接手任务的员工站在“巨人的肩膀上”进行更高起点的再创造。企业的整体能力就是企业核心竞争力，不仅能让企业在行业中奠定优势地位，也对吸引和激励人才有明显的作用。

小结

马斯洛的需求层次理论中提到的高阶需求是“自我实现”，对员工来讲，包括自我不断成长的满足感和创造出价值的成就感，这是内在驱动力的重要部分。企业整体能力强大能加强员工这两方面的获得感，从而起到激励作用。管理者不仅仅应关注如何运用适当的物质奖励和荣誉赞扬等精神奖励，还需要关注组织整体能力的提升以满足员工自我价值实现的需求，这也是一种重要且很有效的激励方式。

3.4　团队的氛围

- **正能量的团队氛围激发员工的潜力与敬业度**

管理心理学研究表明，如果一个团队中占优势的情绪是敌意、争吵、欺诈等，那么这个团队的气氛就是消极的，具有消极气氛的团队是缺乏战斗力的，员工个体的能力和能量都会被压制，这样的团队中的员工会将更多的精力放在过度防范与自我保护中，而没有意愿和精力去努力获得高绩效。相反，团队氛围是友好、谅解、支持、愉快时，员工就会热爱这个团队，会在意团队的荣誉，会为了团队共同的目标投入自己更多的精力与能力。

有一项调查，研究对象为英国一家大型的金融服务机构，其拥有大型的电话呼叫中心，其中的一个呼叫中心有 17 个团队，每个团队都拥有同样的系统和运营流程，做着相同的工作。研究结果表明，拥有良好的组织气氛的团队要比士气低下的团队多创造 22% 的销售业绩，而员工的缺勤率比后者低 25%，在离职率方面，前者仅为后者的 1/3。

团队管理者在团队氛围打造中起关键作用，什么样的领导带出什么样的团队。如果你听到企业中的某位管理者常常“自信满满”地说着自以为正确的废话：“做这件事要考虑全面，系统安排，统一筹划，不能有任何差错，要注意各方的需求，稳妥操作。好啦，做事的方向、做事的原则我都告诉你了，怎么实施解决你自己思考吧”，那么你的企业里已经存在了低效能管理者。这样的领导会在员工做成事时向上级邀功：“都是按着我的思路和方法做的，他们做得不错。”这样的领导也会在员工搞砸事情时出来澄清：“我都告诉他们要系统安排全面考虑了，怎么不听呢？”跟着这样的领导，即使员工取得了业绩，也很难有成就感和喜悦感，他辛苦付出后获得的成果却被领导轻描淡写的一句话归为己有，员工还怎么可能情绪高涨？还怎么可能有激情为团队工作拼搏？任务出现纰漏时员工看到自己的领导将责任推卸得一干二净，下次他可能也学会了如何找借口推诿而不是勇于担当。这类管理者的下属将很难放心大胆地挑战有难度或全新的任务，这样与员工抢功劳的领导也不允许他们展示出才干。这样的工作氛围显然不可能激励团队的成员追求卓越。

作为企业软环境的重要组成部分，良好的团队氛围是保留和激励员工的关键之一。需要特别强调的是，这里所说的良好的团队氛围不是员工间“你好、我好、大家好”的表面融洽，而是团队有高涨的士气、精诚合作的凝聚力以及全力以赴达成目标的决心。正如管理大师德鲁克曾说：“一个组织的‘氛围’并不意味着‘人们在一起相处得是否好’，其检验标准应该是绩效。如果人际关系不以达成出色绩效为目标，那么实际上就是不良的人际关系，是互相迁就，并会导致士气萎靡。”能够影响团队氛围的因素有几类，包括业务难度、资源配置、机制保障、人员素质、人际关系、领导能力和外部环境等，其中最关键的因素之一就是管理者的领导力。领导力强的管理者在其他几类因素受限的情况下依旧能激发员工势在必得的斗志，最大限度地调动员工潜能与意志。本书的第三篇将详细介绍如何创建良好的团队氛围。

小结

要注意，有时我们易将“老好人”式团队氛围误认为是有合作力、凝聚力强的良性团队氛围。衡量是否为良性团队氛围的标准是它是否促使团队获得高绩效和高满意度。良性团队氛围能增加团队作战的勇气和实力，使员工创造出更精彩的工作成果。

3.5　管理者风格

● 当员工的绩效结果或工作态度没有达到期望时，管理者要反思是否需要调整对这位员工的管理风格

前面提到管理者是塑造团队氛围的关键因素，管理者的管理方式对团队成员有比较强的影响力。依据布莱克和莫顿提出的“管理方格”，可按关注任务和关注人两个维度将管理者分为 5 个类型，即贫乏型管理的管理者、权威型管理的管理者、乡村俱乐部型管理的管理者、中庸型管理的管理者和团队型管理的管理者。

按管理者的个性特质又可分为老虎型的管理者、孔雀型的管理者、考拉型的管理者、猫头鹰型的管理者和变色龙型的管理者。

将管理者的管理类型与个性特质结合能衍生出很多种管理方式。不论什么样的管理方式都可能创造好的团队氛围，也可能毁掉一个团队。管理方式要根据环境及员工状态的变化而改变，这就是管理学的赫塞博士提出的“情境领导”理论。该理论认为，领导者的行为要与被领导者的准备程度相适应，才能取得有效的领导效果，创建良好的团队氛围，最终提升团队绩效。赫塞博士提出情境领导的三大技巧是识别员工的任务和要求，判断和评估员工的准备度以及选择适宜的领导风格。也就是说，第一，管理者不能只用自己的个性特质“本色”风格管理员工，老虎型的强势风格在冲突管理中未必有用；第二，即使过往的管理风格能打造出一个出色的团队，但员工变化了，工作内外部环境变化了，惯用的管理风格未必能再成功，原来管理“60 后”“70 后”员工的风格现在管理“90 后”员工不一定可行；第三，管理者的风格不是以自己的喜好而定的，而是由员工与任务的准备度确定，当员工的绩效结果或工作士气没有达到期望时，管理者要反思是否需要调整对其员工的管理风格。

赫塞博士的“情境领导”理论从两个维度评价员工的准备度，如图 3-1 所示。根据能力与意愿度的不同，可以将员工分成几类，不同类型的员工匹配不同的管理方式。

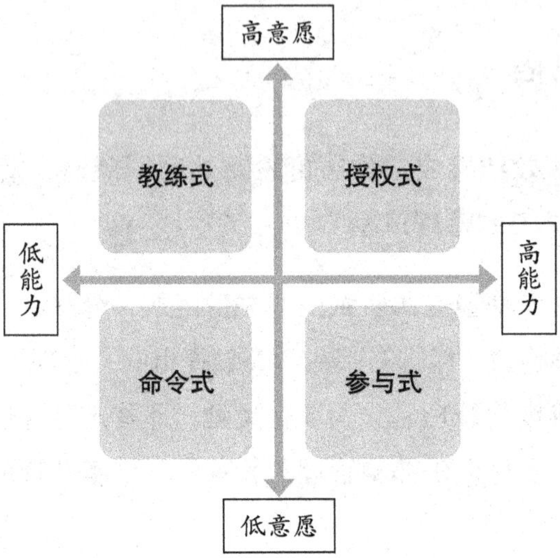

图 3-1　情境领导图

有一类员工，其技能不足以完成工作任务，且没有意愿学习提升，以应付的态度散漫对待工作，这时管理者可以采取“命令式”管理方式，明确且详细地告诉员工做什么、什么时候做以及怎么做。此时只需向员工下达工作指令，不用太关注员工的情绪，还可邀请员工参与讨论或分享想法等，并且要严格跟进他的工作计划落实情况。如果这时给予过多情感和支持，员工会误认为管理者对低质量的工作和不良工作态度是允许的，这反而会使他们继续当下的行为。

要特别注意的是，命令式管理是对员工的工作进行高频次跟进与严格辅导，而不是发泄管理者不满的情绪或对员工进行人身攻击。持续强势的命令式风格会给员工较大的心理压力，员工通常要么改变行为加强工作的意愿度和通过学习提升工作技能，要么选择离开现有团队。让那些总是处在低意愿低能力的员工离开，是对团队其他员工的保护，也对塑造良好团队氛围很重要。当然管理者更佳的选择是推动员工改善，而不是轻易放弃。

有一类员工，虽然缺乏必要的知识与技能，但具有较强的工作意愿和学习动力。比如应届生、新晋管理者或轮岗人员，他们对工作充满了热情，希望能快速提升能力，获得好的工作业绩，同时获得管理者的认同与信任。这时管理者可以采用“教练式”的管理。首先，多进行事前沟通。听听他们对工作的想法与见解，让他们参与到工作方案的讨论中，共同制订行动计划，多给予肯定。此外还可以进行针对性的技能辅导，必要时可以创造演练机会。充分的事前辅导将提高新人完成任务的成功率，这不仅给企业创造价值，也让员工获得成就感而增加信心，增加工作的动力，并且也有助于增强员工与管理者之间的信任。其次，要尽可能减少事后辅导。过多的事后辅导可能让员工感受到问责压力，产生自责或焦虑的情绪，无助于其更自信地开展工作，而且木已成舟，可能已经给企业带来了损失，再问责也无济于事。最后，在员工实施方案时进行阶段性跟进评估与反馈，引导员工进行回顾、分析与总结。这样的管理方式既可以提升这类员工的工作能力，也可以让他们感受到管理者对他们的培养与信任，这对他们来说是最好的激励方式。

还有一类员工，具备足够的能力但心态不积极，如这项工作他原来独立完成过，而现在表现出来的是缺乏信心或意愿度低。激励这类员工是难点，这时管理者的重点不是如何提升员工能力或指导员工如何设定工作方案，而是要强化沟通，了解员工产生情绪的根本原因，化解或减弱员工心中的抵抗力，加强与员工的情感连接。也可以鼓励员工参与决策，激发其工作意愿，建立其信心。这种“参与式”领导管理风格要求管理者有很强的同理心和影响力。

最后一类员工是管理者最希望遇到的，即有足够的能力、意愿和信心完成所承担的任务的员工。这时管理者基本可以放手，充分授权，所以称为“授权式”领导风格。如果团队中大部分员工是这个类型的，管理者会感到很幸福，因为这样的员工既不需要指导或指令，也不需要频繁地监督。而且他们有信心也愿意主动工作直至取得高绩效，在整个工作过程中也不需要过多的鼓励与情感沟通。如果这时管理者事无巨细地过问或者给予过多的指导，反而会让此类员工认为管理者对他的能力不信任，或者对其行为有疑虑。这将大大降低这些员工的工作激情，使他们采取消极的态度对待任务。这时的管理者要做的就是对其工作结果进行合适的评价、认可与表彰。但是，无须过多沟通并不代表不关注他们，如果管理者认为可以高枕无忧，而没有及时洞察到员工的情绪变化，他们很可能从高能力高意愿转变成为前面提到的高能力低意愿的员工。此时，管理者要主动询问员工，他们希望以怎样的节奏进行沟通，在什么情况下管理者可以提供支持以及他们更喜欢什么样的认可方式等。既要保持空间上的距离，给这类员工完全的自由；又要拉近心理上的距离，让员工有安全感与信任感。同一个员工在接到不同任务时，其准备程度可能都不同。同一任务给不同员工时，员工各自的准备程度也可能不同。管理者不仅要关注任务是否完成，更要关注完成任务的人，关注他们的能力与意愿的变化。选择匹配的管理风格不仅能事半功倍，而且可以创建良好的团队氛围，持续为员工提供投入工作的动力。

小结

管理既是科学也是一门艺术。情境领导更体现出管理的艺术特点，因为每个管理情境都是个性的，发生的瞬间又会有微妙的变化。虽然很多管理者都对“情境领导”理论有所了解，但在运用时要展现出领导的艺术魅力却很有挑战性。激励一个人有时就是调动他心中的某种积极情绪。这些积极情绪的被激发通常是从日常管理中的小情景开始的。就像存款一样，从零开始积累。有了积淀，关键时方可能调出强大的正能量行动力。相反，若管理者没有在日常管理中使员工存储积极情绪，甚至是不断消耗其原有的积极情绪，可能员工最终所展现的多是抱怨、冷漠等负能量。

第三篇

团队群体动力——打造“亮剑”团队

【主要内容】

- 如何塑造团队精神支撑团队战斗力?
- 塑造什么样的团队精神能增强团队力量?
- 为什么参与分享能增强团队智慧?
- 积极沟通为何能赋予团队正能量?
- 赏罚得当如何激发团队正向行为?
- 有高效能人士在团队，对团队成员的工作动力有何种影响?
- 优势互补的员工合作将产生何种效果?

何谓“亮剑”团队

“亮剑”团队指的是能打仗、敢打仗、敢打硬仗，有斗志、有合力、有向上氛围的团队。这样的团队是一支能获得高绩效的团队，在这样的团队里工作的人也会拥有高满意度。团队激励能够打造出一支“亮剑”团队，成为“亮剑”团队中的一员本身也是一种很强的激励。

4 第四章 团队建设

4.1 打造团队精神

- **团队精神是团队的灵魂，是支撑团队取得胜利的原动力**

判断一群人是否是一个团队，其中一个维度就是他们有无共同的目标。如果团队的目标不一致，各自向不同的方向使力，自然会导致大量的内耗，即使每个人都付出了很多的努力，团队的绩效也不会太优秀。前文提到组织的目标管理不仅能衡量一个组织的效能高低，也能决定团队成员的士气和工作动力。有了符合 SMART 原则的共同目标，只是团队激励的良好开始。在团队共同执行目标时，还需要有优秀的团队精神时刻鼓励着团队成员在面对挑战、困难、压力时仍能坚定信心向团队目标不断地前进。

2016 年中国女排艰难赢得比赛，再次获得奥运会冠军，这让许多国人振奋，对女排的钦佩赞扬声不绝。有人曾向郎平教练请教，是什么使得女排获胜？郎教练说："是女排精神，有时候即使知道不会赢，也竭尽全力。即使你一路走得摇摇晃晃，但站起来抖抖身上的尘土，依旧眼中坚定。"女排令国人感动的不只是在奥运会中夺得了冠军，更是他们打出了女排精神。这种坚韧顽强、拼搏奋进、百折不挠的精神是每位女排姑娘能坚守目标的能量源！若郎平教练未将女排精神磨炼成形，只用巨额奖金激励女排姑娘们去赢得冠军，不知道她们是否还能有那股令人震撼的拼劲。《亮剑》中的李云龙也依靠塑造团队精神，让一支没有武器装备、士气低迷、军心涣散的部队，展示出了勇往直前的斗志，屡屡以少胜多，获得最终的胜利。同样，管理者需要花时间去认真思考该怎样塑造团队精神以使员工始终坚守目标。

那么该如何塑造团队精神呢？首先，团队精神的塑造与团队领导者的表率息息相关，领导者展现出什么样的精神状态，他的团队成员往往上行下效。例如，有创新突破精神的领导会不断打破常规，也会鼓励团队成员思考是否有新的方向和更好的方式实现既定目标，也会允许员工出现有益的试错行为，包容因创新所带来的失败。在这样的团队中那些只会“照猫画虎”的员工很难被认同，这类员工要么改变要么离开。创新突破精神将逐渐在整个团队中建立。

其次，团队领导者自身的信念与价值观对团队精神的塑造也有较大影响。如果一位领导的心中只装着自己的小团队利益，不乐意与其他部门合作，团队成员也会学着在团队内部的合作项目中推卸应承担的责任。如果领导者的心态消极，常常在团队中传递负面情绪和思想，团队成员中心态阳光积极的人将很难在他的团队中存在，整个团队自然是抱怨不断，士气萎靡。如果管理者心胸狭窄容不得团队成员比他的能力强，压制员工成长和发展，那么他的团队将很难形成创新突破和追求卓越的团队精神。还有，有些管理者永远希望自己是这个团队的主角，所有闪光的场合都让他来展现，员工要对他绝对地服从与崇拜，员工所做的一切都只为满足他个人的虚荣心。这样的团队内部将很容易产生溜须拍马的风气，而且也不可能打造出担当、拼搏的团队精神。

再次，提炼和显现团队精神也是塑造手段之一。管理者通常会在结束一项重要的工作任务后组织团队成员进行工作的复盘，带领大家一起回顾、总结工作目标、路径和方法，分析执行任务中的经验教训、有效或无效的解决方案等。比较少的管理者会引导团队成员总结与提炼任务执行过程中大家的心态、情绪、信念和价值观等。这其实是一个很好的与团队成员进行深入沟通的机会，任务执行时期团队氛围是什么样的？是否有了变化转折？在任务最具挑战的时候是什么让团队成员坚持了下来？是什么主导了团队氛围的起伏？这些氛围对于工作任务完成期间的影响或帮助是什么？在遇到困难或风险时是什么精神支持了整个团队？团队需要什么精神？等等。与团队成员进行这方面的讨论，在真实的场景中体验和感受，有助于成员厘清是什么能支撑团队有动力不断地克服困难和挑战赢得胜利，使团队成员真切感受到团队精神的力量与价值。这样大家达成共识后将更有意愿用行动展现或捍卫他们的团队精神。

最后，塑造团队精神还需要通过在团队中建立制度、规定等管理体系对已形成的团队精神进行加强与保护，让所提倡的精神在组织内能稳定持久地传承，逐步深入团队每位成员的心中。如果团队精神强调的是追求卓越，团队绩效制度中的业绩标尺就应高于行业平均水平，且应对业绩结果超出标尺的人员给予更多的奖励与认可，而对于绩效不达标者则淘汰。另外，团队可能还需要很注重有效方法或成功经验的学习与推广，让团队中的每个成员都跟上团队前进的节奏，并对员工工作质量要求更高，对很多事情都有明确的操作规范和评估标准等，以强化团队成员对追求卓越保持一致性。

在团队中建立制度还包括让所有人知道哪些是团队原则底线，决不能触碰，哪些事情或行为对团队精神具有强破坏力；如果出现挑战底线的行为将被团队及成员所抵制，并受到严重的处罚；必要时要求所有团队成员背诵熟记团队提倡什么、反对什么，重复会加深员工对团队精神的理解与认同。

【经典案例 11】 塑造团队精神

《匠人精神》一书中讲述日本木工业的传奇人物秋山利辉如何将他的众多徒弟培养成为日本著名工匠。秋山利辉先生强调“己成，则物成”的大道，在团队中塑造“以德为先”的精神。他制定了独特的“匠人研修制度”：1. 不能正确、完整地进行自我介绍者不予录取。2. 被秋山学校录取的学徒，不论男女一律留光头。3. 禁止使用手机，只许书信联系。4. 只有在八月盂兰盆节和正月假期才能见到家人。5. 禁止接受父母汇寄的生活费和零用钱。6. 研修期间，绝对禁止谈恋爱。7. 早晨从跑步开始，每天早上跑步 15 分钟。8. 大家一起做饭，禁止挑食。9. 工作之前先大扫除。10. 学员在工作前需要齐声背诵“匠人须知 30 条”。秋山利辉先生提炼出的“须知 30 条”中浓缩了礼仪、感谢、尊敬、关怀、谦虚等做人最重要的品德。其中包括：1. 进入作业场所前，必须先学会打招呼，能够热情地与人交流。2. 进入联络场所前，必须先学会联络、报告、协商，明确职责，判断问题，找到解决方案。3. 进入作业场所前，必须是一个开朗的人，控制自己的情绪，不影响工作效率。4. 进入作业场所前，必须成为不会让周围的人变焦躁的人，考虑别人感受的人。5. 进入作业场所前，必须能够正确听懂别人的话，为客户提供超预期的优质产品，是一流匠人的职责所在。6. 进入作业场所前，必须成为有责任心的人并负责任的行为，是指一旦出现问题，会努力承担起自己的责任，但也不过分逞强……

书中介绍到想要成为秋山利辉先生的学徒，先要完成一年的学徒见习课程。见习课是培养学员使之习得工匠的心性和养成基本生活习惯。见习期通过后方可能被录用为正式学徒，然后开始为期四年的基本训练、工作规划和匠人须知的学习。如此八年时间里学徒完全需要按照“匠人研修制度”和“匠人须知 30 条”不断磨砺自己的心性品德。秋山利辉先生通过让学徒反复朗诵牢记一流的匠人是怎样的，将这些品德深深地渗透他们的骨子里，彻底成为其未来做工匠的本能。秋山利辉先生就是通过这样的方式塑造起“以德为先”的团队精神，并不断传承与发扬。

大多数企业会出台各种规章制度，这些制度通常是约定员工如何开展工作，遵守哪些工作纪律等，而像秋山利辉先生这样明确将如何在工作中与人相处，以何种精神面貌面对工作写入制度是比较少见的。特别是他对于已制定出的团队精神契约有极严格的执行要求，促使团队所有成员在执行每一次工作任务时都毫不懈怠地展现出这种匠人精神。

小结

在日常的工作中，员工更多是从事常规的工作任务，完成这些工作的关键因素是经验和能力，团队精神作用则较少体现，它被“隐藏”了，不容易被团队成员感受到。当面对艰难任务时，特别是既往的经验与能力无法挖掘团队成员潜能时，团队精神所能发挥的作用与价值将会被放大，更显现化。它在很大程度上影响到团队是否能成功实现那些极富挑战性的目标。如果团队在日常工作中没有刻意地塑造团队精神，没有让每位成员从内心认同它，在关键时刻将很难有强大的团队精神激发成员砥砺前行。

4.2 保持凝聚并正向的团队氛围

- **团结凝聚是团队精神中的永恒主题**

不同的团队塑造的精神不同，可能有拼搏、激情、追求卓越、永不言败、严谨等，但其中有一个永恒主题就是团结凝聚。一个团队，不论其个体有多优秀，如果没有凝聚力和精诚团结，依旧会是一盘散沙，大大降低团队整体的能量，影响团队整体绩效和团队士气。团结凝聚精神不仅会降低内耗与管理成本，而且能推动团队高效运作和良性发展，有助于团队成员间情感的建立，增加团队成员的归属感与集体意识。真正凝聚力强的团队也是一个持开放心态的团队。他们不会担心与外部充分思想互动会影响内部的团结，也不会将自己定位为狭隘的“小团队”而没有大局观。另外，凝聚力强的团队欢迎团队中的个人英雄，因为成员们知道这个人能给团队树立信心和注入动力，带动团队整体实现团队共同目标。但团队中不能有个人英雄主义，过度强调某个人的力量和价值，赋予个体特权不受团队规则约束等会助长个人英雄主义的形成，有个人英雄主义思想的员工会压制团队其他成员创造杰出业绩的可能性，甚至可能牺牲团队的利益以获得个人业绩和在团队中的优势地位。如果团队中有持这样心态的人，管理者要敢于及时调整，以保护团队塑造出的良好氛围。管理者也要让团队成员看到支持性非主角成员的贡献与价值，整个团队要对这类员工给予充分的尊重与认同。让每位成员认知到团队是一个整体，就像一支篮球队。球队的每个成员所站的位置不同，作用也不同，且每位球员都有他存在的必要性和价值，任何球员出现了状况，比赛都将很难赢得胜利。还有一些行为在其刚刚出现时就要引起管理者高度警惕，进行快速果断的处理，不及时修正将对团队的凝聚精神存在不断冲击。例如，斤斤计较，做点事就讲条件求回报，紧盯着别人获得了什么而忽视别人做出了什么贡献；拈轻怕重没有担当，只做符合自己心意的任务，没有大局观，不站在团队整体任务达成的需求角度担当责任；还有拉帮结派、言行过激、落井下石等影响团队成员之间的信任的行为。一旦团队员工有这样的言行，管理者都需要及时引导处理，不要幻想这是偶发事情、下次不会再发生或者这样的现象会自然消失。这类言行如果不进行及时干预，只会愈演愈烈。管理者需要制造一些机会，让成员之间彼此了解，建立成员间的信任与理解，舒缓团队的工作压力与紧张感。比如举办庆功会祝贺团队取得的每个小成就；开分享会让员工传递自己心路历程与成长收获等。管理者应当善于捕捉每位成员正向的言行和态度，并借助各种形式让其他成员感受到，如果能让其他成员从中有所收益便更能加固团队中的这些正能量。在有凝聚力和正能量的团队氛围中工作的人心情是愉悦的，团队整体成员的创造力和工作效率将提升，团队士气亦将高涨。

小结

常说没有完美的个人，但可以有完美的团队。因为团队成员彼此之间的能力、经验、个性等可以优势互补。但这里有个不能忽视的假设前提是他们能够团结凝聚，将各自的优势合力成完美“木桶”，形成 1+1 ＞ 2 的效果。否则，内耗将带来对个体创造价值的打压。领导者需要关注如何吸引优秀人才，如何培养提升员工能力，更需要关注团队氛围的塑造。

4.3 参与分享，建立团队共识

- **请员工参与分享他们集结的智慧，加强他们在实施过程中的执行力与责任心**

现在的员工希望参与管理的愿望更强烈，他们也很乐意分享自己的所见所想。如果管理者能提供一些机会让团队成员参与决策和分享成功经验，将对调动员工的积极性有显著效果。此外，通过参与分享，员工将对团队和企业有更强的归属感，真正把自己视为组织中的一分子，愿意主动承担责任为团队和企业的发展出谋划策。请员工参与分享，鼓励他们说出内心的想法，分享自己信息和经验等，不仅有助于管理者们在决策时从更多维度获得信息，还将激发员工的工作热情。同时，参与分享也让成员更愿意执行集结了自己智慧的解决方案，也加强了员工在实施过程中的执行力与责任心。而且在参与分享的过程中，团队成员之间有机会互动交流，分享信息和想法，这使得他们能更深入地理解工作目标，对于如何实现目标的路径与方法达成共识。这些无疑是团队迈向共同目标的良好开端。每位员工都潜藏了一个巨大的智慧库，如何激发员工潜能，使之愿意打开和使用他们的头脑智慧，而不仅仅是听命于上级只贡献出手脚的价值呢？收集员工的建议是一种邀请员工参与管理的好方式。

【经典案例12】 邀请员工参与管理

丰田英二担任丰田汽车公司总经理。他实施了“动脑筋创新”的建议制度。他首先成立了“动脑筋创新委员会”，制定了具体建议制度实施细则。且公司车间里多处都设有建议箱和“建议商谈室”，员工参与建议的范围包括机械仪器的发明制造、作业程序的改进完善、材料消耗的评估节省等。这样一来，领导既能听到工厂现场的意见，又能从员工的建议中获得实用有效的解决方法，更欣喜的是员工的工作热情被激发，他们找到了创新的乐趣，充分发挥自己能力的同时也获得价值创造的成就感。

调动员工参与分享积极性的另一种常用方式是讨论会。管理者在与员工讨论的过程中应保持开放的心态，开放地理解和吸收员工传出的信息，也开放地输出自己掌握的信息。在信息共享整合的基础上团队才更易看到全貌，达成共识，以做出更有效的决定。正如大家所熟悉的盲人摸象的故事，因为每位盲人都坚持自己知道的信息，而缺少开放的心态不去聆听对方的信息，从而必然无法将信息共享整合，也就不能看到大象的真实全貌。如果盲人们当时的任务是给大象设计一个窝，而他们依旧不进行信息共享，仍各自依据自己所摸到的样子提出设计方案，估计现场争论的会更激烈。摸到大象肚子的盲人一定会坚决反对摸到大象尾巴的盲人所提出的“蛇洞”大象窝方案。团队成员参与讨论分享信息达成共识是团队实现共同目标的重要开始。这个过程对团队员工后期共同执行任务极为关键，这能减少员工间不必要的冲突，让团队力量方向与目标一致。而齐心合力的团队工作氛围对员工来说也是一种激励。

【经典案例 13】 共享信息，碰撞思想

谷歌内部网上几乎包含即将上市新品的一切相关信息；在每周五的 TGIF 大会（Thank God it’s Friday，即吐槽大会）常会安排产品团队与大家分享即将推出的有趣项目以及正在研发的产品演示及截图。谷歌放心将各种关乎企业命脉的信息与员工共享，员工亦未辜负这种信赖（商业保密是他们遵守的职场道德），且其他员工也常常会在这样的“吐槽大会”中提出自己的见解，这可以激发项目组人员的灵感，为他们提供很有价值的解决思路。谷歌的员工享受各种思想碰撞，这些火花让他们的工作充满了乐趣与兴奋。

此外，管理者在讨论会中需要设置一些规则鼓励员工参与和分享。如员工提出自己的建议和想法时其他成员要认真聆听和理解对方所说的内容，不插入评判。又如讨论关注什么是可行的，而不是强调否定什么是不可行的。管理者应引导员工从不同视角看问题（如六顶思考帽的方式），鼓励参会的每位员工发言分享自己的观点。除对员工提出的可行性建议或方案给予充分肯定外，管理者要真正推动落实员工提出的建议。当员工看到自己的建议真的被采纳实施，员工们下次参与讨论会的积极性才会更高。员工头脑中的智慧能为组织创造出更多的价值，员工们也因此展现出自己的才能，满足自我价值感提升的需求，而管理者从中能获得有效的方案达成团队业绩目标，减轻自己的管理压力。参与分享达成共识的讨论会是让三方均受益的工作方式。

小结

人才作为一种资源，其最大的特点就是能创造出无限的价值。投入同样人工的情况下，如果只能让员工发挥其手脚的价值或使用较少的脑力，其回报率是低的，而如果能让员工充分地发挥其脑力价值，便将有可能得到更高的回报。让员工没有想法地“听话”是将人力视为机器，不仅是资源的浪费，也会降低员工对工作的兴趣和激情。请员工参与和分享不仅能收获更多的价值，更是对人才的尊重与珍惜。

4.4 积极沟通，赋予员工能量

- **掌握沟通技巧是管理者的基本功，是提升管理效果的利器**

创建良好的沟通氛围与融洽宽松的交流环境，有助于团队坦诚沟通，实现同心合力。良好的沟通也能让员工自由地表达自己的想法与感受，舒缓工作中的紧张情绪，保持良好的工作状态。而且充分的沟通可以实现信息和知识的共享，避免潜在问题，提高工作的效率。团队应使员工可以通过各种正式和非正式的渠道交流信息与观点，让他们了解团队动态，特别是重大项目有突破和取得优秀业绩等振奋人心的事情，这能在很大程度上鼓舞士气，激发大家的荣誉感和归属感。

当员工工作有进展时，管理者的积极反馈会给员工增加动力。据调查，很多人喜欢玩游戏的一个重要原因是游戏中有强大的反馈系统，玩家每做一个动作，系统都会通过各种方式进行反馈，比如点数、得分、血量、级别等，这能充分调动起玩家的兴奋度和持续的投入度，同样，即时反馈能给员工带来实现目标的动力。主动邀请员工反馈也是创造积极沟通氛围的一种方式。管理者需要不定期地主动邀请员工给自己反馈，了解员工希望管理者在哪些方面给予支持，什么样的工作汇报或交流的方式对员工更有帮助，员工对管理者的某个提议或要求有什么想法等。在此过程中很重要的一点是要以开放的心态允许员工反馈不同的观点，汇报不好的消息，指出管理中的漏洞。

【经典案例 14】 偏听则暗

秦二世胡亥在位时，大行苛政，因违反秦律难以活命的陈胜揭竿而起，自立为楚王，国号张楚，崤山以东各郡县纷纷响应。有使者从东边来，对秦二世说有人造反，胡亥大怒，派人对说了真话的使者严加惩办。既有前车之鉴，日后当有使者出使归来，胡亥问起造反之事，使者皆投其所好："那不过是群小蟊贼罢了，地方官吏正逐一搜捕，很快就会全部抓捕，不值得担忧。"胡亥一听高兴得不得了。有如此听喜不听忧的主子，丞相赵高也就乐得曲意奉承，编些假话予以蒙蔽，多次在胡亥面前说关东盗贼不值得担忧。后来，起义军大盛，胡亥才迫不得已派章邯等前去镇压，并多次遣派使者，更责怪赵高为何盗贼如此之盛仍不上告。受到责怪的赵高惧怕自己会因农民军造反一事而丢掉身家性命，便与时任咸阳令的女婿阎乐、弟弟赵成密谋废掉胡亥，改立子婴为帝。

如果管理者以开放心态认真聆听员工反馈的信息，对员工告诉的事情表达兴趣和专注，让他们感受到管理者愿意听员工的想法或心声，或是真诚地对员工提供信息支持表示感谢，员工会感受到来自管理者的尊重和重视，从而产生安全感和信任感，愿意将真实的信息和感受与管理者沟通。管理者深入思考员工分享的观点，不对员工的观点妄作判断，适时地采纳员工观点，会让员工感觉到管理者重视自己，认同自己的能力，从而鼓励员工多“动脑”而不只是听从命令，同时管理者自身也会因此受益良多，不仅能准确掌握更多的信息以调整自己工作的方式，获得员工的心，也将增加自身的非职权影响力，凝聚团队智慧，使每位员工都成为实现团队目标的动力源。

积极沟通除聆听外，另外一项重要的能力就是“说”。管理者在沟通时应尽量避免用指责、质问和命令的词句，用合适的词句和语气是管理者达到良好沟通效果的关键。笔者曾任职于一家企业，任职期间给全体管理人员做培训，其中一门课程是如何留住人才。课程结束一个月后进行情景模拟考试。培训部的同事扮演员工，参加考试的管理者与扮演的员工进行“留才”谈话。其中，在与一位参加考试的管理者谈话后，扮演员工的培训人员真的“恼火”了，事后说：“如果是真实的谈话，我本不打算离职的，却被这个上级谈得想离职了，这哪是‘留才’的谈话，简直是‘赶人’的谈话。”可怕的是，那位参加考试的管理者自我感觉还挺好，当被通知需要补学补考时特别吃惊。还有一次在培训现场进行调查时笔者询问学员，如果在与上级沟通中发生不愉快，他要花多长时间才能恢复情绪正常投入工作，现场大部分人说至少半天，有的学员回答需要两天。如果这样不愉快的沟通方式频频发生，员工总处在情绪低落的状态，那么即使给员工高物质奖励也将难以实现激励的效果。

一家全球著名的人力资源顾问公司访谈了近千名全球知名的企业管理人员。他们调查发现优秀的部门经理将精力集中在7项重要工作任务上，包括辅导与发展员工、提升绩效、激发忠诚与信任、选聘人才、内外部合作、发挥个人影响力和任务管理。在这 7 项管理任务中有 6 项都需要与员工沟通交流，因此掌握沟通技巧是拥有良好管理能力的基础。如果这方面能力严重缺失，管理者将很难激励员工。据统计，在带团队失败的管理者中因沟通引发管理失败的占 50% 以上。积极沟通之所以重要，不仅在于能使工作任务出色地完成，更在于管理者可以通过积极沟通赋予员工能量，提升员工的内驱力。良好的沟通能力对管理和激励团队都极其重要。

【经典案例 15】 积极沟通的能量

有一位初入职场两年多的销售员，他的上级带着他参与一次重要的投标工作。管理者让销售员自己先写份标书，销售员了解到这次中标的难度很大，因为他们的竞争对手无论是从品牌上还是从资源上都更占优势，他们本次能赢的机会很渺茫。销售员便认为上级让他写这份标书就是在浪费自己的时间，与其写这份标书还不如多跑跑其他客户，甚至认为上级是在故意刁难他。所以销售员不想太花心思，照标准模板略做修改就交差了。上级看完这份不合格的标书后找销售员沟通："这次竞标很有挑战，你觉得没有把握，认为做这件事对你没有任何意义是吗？想一想，一个进入职场两三年的销售员能遇到这么强劲的对手是不是一件幸运的事呢？不仅可以近距离地学习到强敌的策略，而且可以打开眼界看到高手的交战方式。这是你最佳的练习机会，你可以毫无压力地全力以赴，即使输了也虽败犹荣。如果出现奇迹，你赢了，那将是行业的一段佳话，我会为你凯旋举杯庆祝。"销售员听后深受鼓舞，决定竭尽全力搏一次，他理解了上级的良苦用心，对上级的培养心存感激。

这位管理者通过积极沟通，而不是批评指责，使得销售员看到这次竞标对个人的意义与价值，也明白了管理者如此安排的用意。销售人员被赋予了积极的能量，在接下来的竞标准备中才可能做到尽心尽力地突破自己的能力极限，不论成败，这位销售人员从能力到心态较之前都会有所不同。管理培训中有很多关于沟通技巧的课程，这里不再详述。此处向管理者推荐一些教练式沟通技巧。添·高威博士（Tim Gallway）创造了教练技术，他发现通过教练式的提问能让被教练者自我觉察，开启他们的潜力区，使被教练者实现自我突破，活出更好的自己。教练式沟通可以运用到一对一员工谈话中，也可以在团队项目中使用。教练式沟通的原则是基于对员工潜能的信任，相信员工们有能力和意愿做到更出色。教练式沟通的核心是让员工自己找到解决问题的动力和方法，而不是给员工灌输如何做才可行、如何想才正确等具体的方法步骤。大部分员工在提出问题时都有自己的答案和解决方案，他们需要与上级沟通以确认自己的方案是否可行。管理者可以用教练式谈话让员工看到自己尚未开启的潜力，增加他们执行解决方案的信心或者动力。

小结

积极沟通是一种生产力。如果研发、制造、销售是对某一技术、产品或服务的价值提升，那么积极沟通能够发现和点燃员工的创造力，提升能量价值。积极沟通是不需要成本又有效的激励手段，而且是无限制的“资源”，管理者可以随时随地运用，提升员工的能量，加强团队的士气。

4.5　赏罚严明与谨慎

- **如果管理者视自己为特权阶层，无视赏罚制度存在，员工会在内心质疑公平性，赏罚将不再具有激励作用**

良好的团队氛围需要赏罚制度保驾护航，对于符合团队精神的人给予认可和嘉奖，对于违背的人给予处罚。建立赏罚制度后需要严肃、公正、公开、一致地执行，如果因人而异，制度将形同虚设。如果时奖时不奖、时罚时不罚，就会混淆标准，扰乱团队氛围。

【经典案例 16】　执法必严

孙武去见吴王阖闾，与他谈论带兵打仗之事，说得头头是道，吴王认为孙武纸上谈兵无用，便故意出难题考验孙武，让他操练嫔妃和宫女。孙武挑选了一百个宫女，让吴王的两个宠姬担任队长。孙武将列队操练的要领讲得清清楚楚，但正式喊口令时，这些宫女嬉笑一团，根本不听他的指挥。孙武再次讲解了要领，同时下达命令，如果有谁不按口令执行即刻斩首，并要两个当队长的宠姬以身作则。但他一喊口令，两个队长还是满不在乎，其他宫女们也跟着吵吵闹闹。孙武严厉地说道："这里是演武场，不是王宫，你们现在是军人，不是宫女，我的口令就是军令，不是玩笑。你们不按口令操练，两个队长带头不听指挥，就是公然违反军法，即刻斩首！"说完，便叫武士将两个宠姬杀了。场上顿时肃静，宫女们吓得谁也不敢出声。当孙武再喊口令时，她们步调整齐，动作划一，俨如训练有素的军人。

制度一旦确立，就需要坚决地执行，以建立制度的严肃性和公正性。而且在制度正式执行前要向员工们进行公示、宣传，让员工明晰制度的标准，也让员工知道制度对保护团队氛围的作用和意义，使员工理解、认同并支持制度。执行制度时管理者须做到"赏不越时，罚不迁列"，即时的赏罚给员工和周围的人的冲击力更强。当赏时不即刻赏，易生埋怨，再赏时很可能已没有被激励的感受。当罚时不即刻罚，易生是非，再罚时震慑的效果降低，而且团队氛围可能已被损害，修补它的代价也更高。赏罚结果和依据需要向团队成员公开，每次的赏罚都是对团队精神的一次加固，对全体成员价值观的一次传递。如果赏罚后不宣传将错失强化团队精神和价值观的机会，也可能使员工不断猜测，对赏罚事件产生不必要的误解与质疑。另外，不宣传也有可能给以权谋私的管理暗箱操作的机会，助长他们违规的可能性。

赏罚制度是否能够被员工们接纳和执行，其中一个很重要的因素是管理者们对待制度的态度。如果管理者视自己为特权阶层，无视赏罚制度存在，员工也会伺机抵制和违反制度。"人大于法"的现象一旦出现，员工们就会在内心质疑制度的公平性。若企业失去了公信力，什么赏罚都将可能不再对全体员工有激励的作用，而且员工们则会因不信任猜测企业赏罚的初衷，从而产生更激烈的负面情绪。管理者行为的影响力远远大于制度本身的影响力。管理者日常行为中对什么褒奖、对什么不满意，员工的心里清清楚楚。这些实实在在的行为表现比制度上的文字更鲜活地传递出了团队管理理念，更深刻地塑造了团队的氛围，因此管理者赏罚员工需要格外地严明与谨慎。

【经典案例 17】 有法必依

有一天，美国IBM公司老板汤姆斯·沃森带着客人去参观厂房，走到厂门时，被警卫拦住："对不起，先生，您不能进去，我们IBM的厂区识别牌是浅蓝色的，行政大楼工作人员的识别牌是粉红色的，你们佩戴的识别牌是不能进入厂区的。"董事长助理彼特对警卫大喊道："这是我们的大老板，陪重要的客人参观。"警卫人员回答："这是公司的规定，必须按规定办事！"结果，汤姆斯·沃森笑着说："他讲得对，快把识别牌换一下。"于是所有的人很快就去换了识别牌。

案例中，沃森对警卫捍卫公司制度的行为报以微笑与赞扬，奖赏的不仅是警卫，更是向所有员工传递，公司的制度对所有人都是一致的，任何人都无权凌驾于制度之上。严格依据制度执行的员工即使他给老板带来了"麻烦"也是值得称赞的。这名警卫也会因为此事越发认同所在岗位的价值，从中获得履行职责的使命感，从而增加对本职工作的热爱。

小结

"特权"对团队建设有很强的破坏力，享受"特权"员工可能是管理层、老员工或是关键人物的亲朋好友，"特权"让这些人有优越感，让其他员工有不公平感。"特权"被使用得越肆意，其他员工心里就越抵触。企业如果希望制定出的奖惩制度有激励性或震慑力，那就需要从"特权"阶层入手，使他们成为践行制度的榜样，以推动全员认同并严格执行制度。

5 第五章 团队成员助力

5.1 与高效能人士在一起

• 团队中的高效能人士是引导其他成员通向优秀的灯塔

与企业匹配的人是企业中最重要的资产。何为匹配？是指员工的“德才”与企业价值观和岗位职责相一致与相适应。吸引、保留匹配的人才，及时清除不匹配的人才是管理者的重要职责。建议在组建团队时选人要慎重，辞人要果断。但在实际工作中有些管理者却刚好相反，觉得选人太费时间、精力，在招聘面试阶段便草草了事。他们认为面试很难看准，先让候选人入职再说，有人干活儿总比没人手强，即使员工能力不行，在其入职后进行培训也可以解决。殊不知，这样做会给企业带来很多问题。笔者在给企业做招聘培训时常用一个故事说明选对人对一个团队和团队任务的重要性。

有几只大象种了很多的桃树。秋天到了，他们需要雇用森林里的动物们帮它摘果子。招聘广告打出后，来了猴子、兔子和野猪。大象负责人不知道谁能胜任这样工作，它决定都录用，然后请老师对它们三个培训后上岗。猴子很快学会了，能轻松上树然后采摘下桃子。而兔子和野猪怎么培训也学不会上树。大象负责人很着急，天天督促着，但它们的学习效果一直不佳。大象想辞退它俩，但又不好意思开口。最后桃子都熟透了，兔子和野猪也没学会上树。大象之前的劳动付出大多化为泡影，损失惨重，其他大象则抱怨它们的负责人没有尽快辞退不合适的动物，团队士气低迷。

当团队任务繁重或紧张时，哪怕只有一位团队成员掉链子，也会给大家带来阻力，使团队其他成员感觉增加了压力或困难。在通向共同目标的道路上，团队成员彼此是否给力，对实现团队共同目标有很大的影响。如果团队成员形成 1+1 ＞ 2 的效果，团队成员不仅会觉得自己有用武之地，而且能感受到团队整体强大的后盾支持，在这样相互助力的团队中信心和能量都会不断提升，成员与团队共同攻克任务、挑战困难的决心和动力也会更足。管理者的一项重要职责就是确保团队中的每位员工是给力的，是能够让团队其他成员信赖的。管理者应引入正确的人，快速淘汰团队的阻力成员，以培养团队整体的作战士气和能力。

笔者几年前曾经面试过一位研发人员，向他了解希望加入我们公司的理由，其中一个理由至今牵记，“因为某博士在你们公司任职，他是业内的专家，是我崇拜的偶像，能和他一起共事是我的荣幸”。还有一个案例是与同行的人力资源总监聊到的。他们从名校招聘了三名博士生，专业与潜质都很好。公司希望能重点培养，让他们逐步成为研发团队的核心技术骨干。然而三年之后三名博士均选择了离开。三名博士的直属上级很恼火，认为培养了三年，博士们该学的都学会了，能力变强后就选择跳槽。因为不能接受这样的结果，管理者对这位人力总监表示以后再也不招应届生了。三位博士离职半年多后，这位人力总监了解到三位博士离开的真实原因。博士们认为所在团队的整体能力偏弱，遇到技术“瓶颈”完全找不到可以商量的人，都得靠自己“摸着石头过河”，重复试错。项目进展缓慢，做得辛苦又没有成就感。自己慢慢就有一些疲沓了，不知道还可以做什么，就什么也不想多做了。此外，当他们看到自己的师兄弟们在其他公司有“大咖”做导师，不仅做出优异的成绩，而且在能力和经验上有很大的收获时，就希望出去寻找更合适的发展机会，实现自己的职业成就。他们希望团队中也有这样的“大咖”能给他们指点，可以让自己的专业能力得到快速成长。

激励员工除要做到前面提到的塑造鼓舞人心的团队精神，创造良好的团队氛围外，还有一个同样重要的关键因素，即团队中要有高效能的人士。所谓高效能是如史蒂芬·柯维博士所写的《高效能人士的 7 个习惯》中介绍的那 7 个优秀的习惯，即主动积极、以终为始、要事第一、双赢思维、知彼解已、统合综效、不断更新。

心理学家研究认为：人是唯一能接受暗示的动物。积极的暗示会对人的心理和生理均产生正向的影响，激发人的潜力，使人产生动力积极面对遇到的挑战和困难。所以团队中有什么样的人会对个体产生强烈的暗示。团队中都是勤奋的人，和他们在一起工作，懒惰的人会逐渐变勤奋；和积极乐观的人一起合作，消沉的状态会慢慢减少；与高效能人士在一起共事，个人能力会更快速提升，同时能习得优秀的做事习惯，奠定未来持续发展的基石。能与高效能人士共事本身就是对员工的一种激励，它会让员工从高效能人士那里学到怎么做才是对自己更好的，学什么可以让自己有所成长与收获。

如何使团队成员具备高效能的工作习惯呢？

首先，在团队中，管理者应培养自己成为高效能的人士。在自我学习的过程中，管理者可积累一些有效的方法，未来在培养员工时用自己的心得体会与方法帮助和指导员工。另外，当管理者自己成为高效能人士时，才能真正体会到这些优秀习惯给自己带来的意义与价值。管理者带头树立高效能人士的样子，比说千万遍更能让团队成员信服。能从自身做起，带领团队养成这些优秀的习惯就是一种很好的激励方式。

其次，管理者应注重对团队成员优秀习惯的培养。这样管理者收获的将不仅是一支优秀的团队以及优秀业绩的回报，而且管理本身会越来越轻松。如同培养孩子一样，重要的是在他们小的时候帮他们养成优良的生活和学习的习惯。有了这些好的习惯，孩子自己就会对能力和知识渴求，寻找到学习的乐趣或者意义。孩子自我管理与自我激励已形成，家长对孩子的管理就会越来越轻松，不用严防紧盯。家长给予孩子信任与自由空间又能促进孩子良性的成长与发展。反之，只关注孩子的学习成绩，不断通过外力促使其获得高分或者学习知识，一旦外力不再有，孩子学习的动力就会一下全无。家长对孩子操心度将不减反增，到那时家长越想管教，孩子的状态可能越不好。所以管理者不应只关注对员工专业能力的培养和只要求员工达成高的业绩结果，还要特别关注员工是否有优秀的工作习惯。如果经过观察发现员工未具备这样的习惯，需要将培养员工获得优秀工作习惯作为管理者的重要任务。

最后，在引入外部人员时管理者要聘用比自己专业能力高的人员，所聘人员至少应在某一领域胜出自己。引入能力强的人员对于团队是一剂兴奋剂，能给团队注入活力和新的动力，在打开团队成员视野和提升成员能力方面均有益处，能够推动大家一起向高标准共同前进。当管理者在团队中真诚表明在某一领域某员工更胜一筹，且愿意受教于这些专业人员时，也是对该员工很大的鼓舞。这使员工乐于钻研专业，在团队需要时充分发挥出自己的专业价值；也会使员工感到安心，知道自己的优秀是被赏识的，不会因太优秀而被管理者列入提防的名单中，不用在工作中谨小慎微或察言观色。优秀的员工不惧怕工作任务本身的压力与挑战，他们不能承受的是“心累”，尤其是来自直接上级的猜忌和打压，这也是优秀员工离职的很重要的原因之一。如果团队中高效能的人员离职，对整个团队能力水平有影响，对业绩达成有影响，更重要的是对团队其他成员的士气有影响。当员工在团队的安全感与信任感降低时，他们自然会“省着劲”，把较多精力放在观察团队成员动向和团队氛围上，而不是自己的手头工作上。

此外，管理者可以创造机会或平台，请团队内部高效能人员进行分享或培训。他们有好的知识结构、专业能力以及工作思路和方法，对团队整体能力的提升有很大帮助，能为团队创造出额外的价值，同时也为高效能人员创造了展示自我的机会，满足了他们自我实现的追求。管理者需要有意识地把团队内高效能员工的个人能力转换成组织的能力。如果能把高效能人员的工作思路和方式转化为标准化工作方案，组织其他员工学习和掌握这些思路和工作方式，初次担任同类工作的员工可以直接执行标准化方案，这样他们就可以少走弯路，少出现不必要的错误，这对初级人员的成长，对团队整体的绩效、对提升团队整体效能均有益处。管理者可以组织团队成员在高效能员工提供的标准化方案基础上不断完善和改进，逐渐形成团队的核心竞争力。处在高效能团队中员工会产生更多的自豪感和活力，个人潜能被挖掘的可能性也更大，员工感知到自己不断成长，越来越优秀，是对他们最大的奖励。

小结

人才竞争也符合“马太效应”，占有优秀人才越多的企业对人才越有吸引力；反过来，被认可的人才越稀缺越难引入优秀人才。团队中领军人物可以帮助团队成员拓展视野、积累经验、提升能力等，使他们加速成长，这对希望通过不断学习提升的员工是一种“福气”。另外，注重培养团队成员习得高效能人士的工作习惯会使员工持续获得成就的能量，使他们感受到职场的幸福感。

5.2 扬长避短，打造高效团队

- **员工从事与自己特质匹配的工作时更容易享受到工作本身的乐趣，对工作的热情会更持久**

常说物以类聚，人以群分。“人以群分”在这里更倾向指价值观相近的一些人。有些管理者在组建自己团队时会刻意地寻找和自己“像”的人加入，觉得合脾气的人以后能好沟通好合作。然而价值观相近的人，他们在思维方式、性格特质、沟通风格上却可能有很大的差异。所以，并不是与自己“像”的人聚集在一起，就能有高效的团队。相反，发现不同类型的人的优劣势，理解不同类型的人的差异并发挥各自优势，扬长避短，才能组合出高效的团队。

管理者通常对员工专业技能的关注度比较高，在组建团队时会首先考虑员工的专业技能是否符合岗位职责。经过一段时间的共事，也能清楚员工在哪些工作领域比较擅长，哪些任务可能对员工有挑战。然而一般情况下管理者对员工的思维偏好和个性特质的了解相对较少，这很有可能使管理者误读员工行为。误读员工行为可能引发员工的负面情绪和管理冲突，增加沟通障碍。如果不及时处理，对员工的积极性也有很大影响。管理者在安排任务时需要考虑员工本身的特质是否符合工作任务的特点。如有些人的风格是偏重逻辑分析，坚持原则，执着数据与事实，个人观点不易被改变；有些人注重程序、规则和细节，喜欢完全按计划执行，追求时效性；有些人能敏锐捕捉别人的情绪，给对方合理反馈；还有一些人直觉力强，有全局视野、敢于冒险、喜欢创新、不愿守旧。员工的特质与工作特点越匹配，员工的积极性越高，工作效果也越好。反之，如果不匹配，员工做得很辛苦也比较难做得出色，如果上级再给其施压，员工的工作状态可能从高意愿转化为抵触。

【经典案例 18】 扬其长避其短

某公司新晋升的市场部经理向他的上级反馈员工的工作状态不佳，对于任务安排，团队中有些人明显有抵触情绪，还有些人做出的方案有很多低级错误，明显没有责任心。这位市场部经理分析认为可能因为自己是新提升的，原来与他们是平级现在是上下级，大家心里不服气，所以不太配合自己的工作。希望上级能出面让团队成员支持他的工作。市场部经理表明，如果再有人员故意消极怠工，希望上级能支持他辞退这样的员工，以支持他更好地管理市场部。

上级与每位市场人员进行了谈话，希望了解大家的想法和现状。经沟通，上级了解到市场部经理在给员工分配任务时只关注员工职责，而不太关注员工的意愿度和兴趣度。如王某是一个创新思维很强，擅长策划独特新颖的活动方案，不少客户都指定他进行活动策划。而他写的方案有些混乱，逻辑有些跳跃，而且方案中的小错误不断。原来的市场经理给王某配了一个搭档张某，张某做事很耐心细致，他俩一个负责设计，一个负责文案，各自在自己喜欢和擅长的方向工作，双方配合很默契。新市场经理让王某和张某各自负责一个区域客户。王某每次提交的文案都被市场经理挑出很多错。王某很有挫败感，同时也很窝火，认为新经理是故意这样安排工作，想逼他走人。所以王某产生了抵触的情绪。张某也很痛苦，每天加班绞尽脑汁做活动策划，但都被客户否决了，眼看客户规定的时间到了，还不能拿出有特色的方案，他已经很焦虑了，新市场经理却还不断施压，所以他近两天烦躁得不想干活。其他几位员工也存在类似的问题，新市场经理打乱了大家原有的组合模式，原本以小组为单位，两三个人合力能出色高效完成项目，而现在被打散了，每位员工需要单打独斗。看上去所有人都接单，能接的项目多了，但大家出活的速度却慢了。而且项目完成的质量明显下降，员工工作的兴趣度和积极性也受到了冲击，团队成员出现了上面市场经理所说的情况。

每个人的个性特质没有好坏之分，但有是否与工作任务匹配之分。管理者需要了解不同个性特质下行为和思维的差异。且有意识地观察团队员工的个性特质，安排任务时充分考虑员工的特点优势，将不同特质的员工组合在一起，让他们在自己所长之处发挥作用，取长补短，使每位成员在团队中都有自己独特的价值，使员工内在的自我价值得到实现。员工从事与自己特质匹配的工作时不仅压力降低，而且更容易享受到工作本身的乐趣以及工作成果带来的成就感，对工作的热情会更持久。

小结

发现团队成员的个性特质，为其匹配对应的工作任务更易于让员工享受到工作的快乐。快乐工作是持续高绩效的一种动力，快乐工作也让员工发挥出更大的创造力。

第四篇

员工的内驱力——激励的成长基因

【主要内容】

- 怎样的尊重能更有效激发员工内驱力?
- 信任在激发员工潜能中为何重要?
- 竞争是否有利于调动员工对工作的投入度?
- 工作的意义如何影响员工的价值获得感?
- 如何授予荣誉让员工更有动力?
- 如何提升员工实现目标的“期望值”?
- 实战历练如何使员工更能展现创造力?

内驱力一旦形成，对人们的自我激励是持续稳定的

瑞士著名哲学家，分析心理学的创始人——荣格先生提出："内驱力就是人们内在的动力，是个体在环境和自我交流的过程中产生的，具有驱动效应的，给个体以积极暗示的生物信号。"

每个人都有内驱力，它是人们追求实现某一目标的力量。内驱力的形成可以追溯到人们年幼的时候，例如，某个刚开始被同学瞧不起的孩子，但后来因为学习好而受到老师称赞，同学们也开始佩服他，在这个孩子的心里可能产生一种动力，通过好的学习成绩赢得同学们的尊重，他长大后的成就导向就可能比较高，希望通过高业绩得到领导和同事的尊重。又如，某个孩子从小就有很强的好奇心，喜欢探索新的、有趣的事情，而且从里面获得极大的快乐。家长或老师对他的探索行为也给予了肯定。他就可能逐渐形成用与别人不同的视角想问题，找到那个新奇点的行为模式。求新、求不同就可能成为他获得成就感的内在动力。内驱力一旦形成，对人们的影响是持续稳定的，不容易受外部物质刺激的影响。如果外部的反馈信息是积极的，还会增强人们内驱力的力量。当员工内在的动力足够强时，其被激发的潜能所发挥出来的能力更强大。一个好的管理者可以洞察到员工的内驱力源于何处，并且给予积极的反馈增加其内在驱动力。

6 第六章 如何激发员工的内驱力

6.1 尊重的力量

- **真正的尊重是能打动人心的，能激发出员工内在驱动力**

人们对尊重的需要是内驱力的一个重要来源。马斯洛认为：“人类有五个层次的需求，尊重是第四层次的需求。”孟子认为：“君之视臣如草芥，则臣视君如寇仇。”古今中外，人们对尊重的需要都是一致的。在管理中，尊重能带给员工什么力量？前几年看到一则新闻，一家企业的保洁阿姨发现有小偷闯入，窃取公司值钱物资。保洁阿姨奋力阻拦，即使身体受伤了也未让小偷得逞。记者采访是什么让她奋不顾身，保洁阿姨答：“这家公司的老板对我特好，每次见我都主动向我打招呼。我服务过几家企业，他是唯一能记住我名字的老板。这么好的老板，我怎么能眼看着小偷行窃不管呢。”这家企业老板之前并没有设置“捉拿小偷奖”，仅仅是叫出了保洁阿姨的名字，每次见面向她打个招呼。这微小的举动却让保洁阿姨感受到极大的尊重。她愿意为了这份尊重放弃个人的安危保全企业的财产。有一些管理者会把人分成三六九等，对上谄媚，对下鄙夷。他们的下属中有多少人是发自内心愿意与其共事，愿意在团队中有担当呢？这样的团队成员中能有多少人对工作有激情，在完成任务时有战斗力呢？笔者曾经去一家企业面试，在人力资源部的办公室里填写表格时发现办公室很简陋，几张木桌略有起皮，几把塑料椅已磨出毛边。而老板办公室，其豪华程度可称奢侈，各色水晶灯，翡翠饰品，玉雕佛像，还有成套紫檀木书桌柜等。办公环境巨大的反差，透露出老板将员工放在了怎样的位置，而且交谈中老板果然也盛气凌人。终于熬过一个小时的面试后，笔者再没有一丝兴趣接受这家企业的录用邀请。

尊重是一种主观体验，如何让团队成员感受到呢？对员工的礼貌是最基本的尊重，如礼貌的用语等。深层次的尊重是对员工努力付出或价值创造的尊重。这是员工心中更看重的部分。

有一位领导总是让员工感觉到他处在很忙的工作状态，员工向他汇报工作时，他常常是在电脑前打字、签批文件或是回复手机信息，当然，眼睛就没有看着员工。员工心里开始琢磨，是我来的时间不对还是领导认为我说的不重要。员工花了几天的时间深思熟虑的两三个方案，本打算和领导仔细讨论，达成共识后便可以立刻开始执行，一看这情况就只能压缩改为两三句话了。员工问领导是否需要再找个时间详细汇报，领导说："事情知道了，我再想想。"几天没有回音，员工再去时，领导还是忙碌状态，一副无暇听取汇报的样子。员工的心情可能由起初兴奋，转为忐忑，继而变得恼怒或消沉，因为员工感受不到自己的努力受到上级尊重。如何尊重员工的劳动成果与价值创造呢？我们来看看著名管理大师松下幸之助如何尊重他人。

【经典案例 19】 尊重劳动成果

有一天，松下幸之助在一家餐厅招待客人，一行人都点了牛排。待他们都吃完主餐后，松下便让助理去请烹调牛排的主厨过来。助理这时才注意到，松下的牛排只吃了一半，心想过一会儿的场面可能会很尴尬。主厨很快就过来了，他的表情很紧张，因为他知道请自己来的人是大名鼎鼎的松下幸之助先生。"有什么问题吗，先生？"主厨紧张地问。"对你来说，烹调牛排不成问题，"松下说，"但我只能吃一半。原因不在于厨艺，牛排真的很好吃，但我已经 80 岁高龄了，胃口大不如以前。"

此时，大家都困惑得面面相觑，过了一会儿才明白这是怎么回事。

"我想当面和他谈，因为我担心他看到吃了一半的牛排被送回厨房，心里会很难过。"

在上面的简短场景中松下先生做的两点很重要：第一，及时反馈。如果这件事拖几天再说，主厨的情绪会受到影响，更主要的是失去了尊重对方的最好时机。有些管理者在看到员工付出加倍的努力或工作结果很棒时，不及时反馈。

有的管理者是视而不见，认为这都是员工应该做的，没有什么值得反馈的。有的管理者想等月底或季度结束与员工进行绩效面谈时再说。当然后者会比前者好，因为至少让员工知道你看到了他的拼搏或优秀。这确实是一种深层次的尊重，只是时隔久了，员工失去了情感上的强烈触动，员工的主观感受下降了很多，尊重的激励效果将明显减弱。第二，反馈时讲实事或理由。如果松下先生只说："你做的牛排真的很好吃。"主厨的感受可能会怎样，他可能会想："真的好吃吗？那为什么不吃完呢，是在安慰我吗？"在管理中，也会有这样的领导，他常常对员工说："做得不错！"然后就结束了。如果每次都是用这样简约的反馈方式（尽管比什么都不反馈强多了），员工心里可能会有这样的疑惑或者遗憾："领导真的认同吗？他关注到我到底哪里做得特别出彩吗？我特别想分享一下我的喜悦，领导怎么不问问我呢？我还可以在什么方面有所提升呢？"在反馈时讲实事或理由，既能让员工感受到管理者对自己付出的尊重，懂得自己的优秀之处，拉近员工与管理者的情感链接，又可以让员工清晰地知道自己在什么方面做得好，强化员工的认知，使其下次继续展现管理者认同的有效行为。真正的尊重是能打动人心的，能激发出员工的内在动力。

松下先生特意请主厨来向他说明情况，可见松下先生有很强的同理心。他能感同身受到如果将只吃一半的牛排端回后厨可能给主厨带来什么样的心情或麻烦。深层次的尊重需要管理者在关注员工时具备同理心。感知到员工当下所需要的理解、支持与欣赏是什么，反馈其所需要的，才是真正的深层次的尊重，方能够鼓舞人心。

深层次的尊重员工还要求管理者要保持心理上的平等，即内心真正地认为员工与自己是平等的。如果一位管理者内心充满了拥有权力的优越感，他表面可能对员工很礼貌，但在管理行为上会不经意流露出轻视，这样员工心里是能感受到的。心怀平等的上级在与下属交流时，不是只告诉他们怎样做，而会阐明原因，尊重员工的知情权。不仅如此，他还会考虑员工完成这件事对员工有什么帮助和发展，而不是简单粗暴地把员工当成机器使用。当下级向他提意见和建议时，即使员工的想法不全对，尊重员工的上级也会耐心听完，因为他知道员工在向他陈述之前，肯定是费了许多心思去准备，而且有的员工需要鼓起勇气才敢说。如果积极倾听，尊重员工的付出，并向员工询问对策，那么员工在以后的工作中会趋向于积极思索并设法主动提出建议。相反，如果上级认为自己高高在上，员工只能遵从权威，若员工提出建议或意见就是挑战他的权威，那么上级会采取假装在听，有的还会愤怒直言或流露鄙夷之情。这样霸气的管理者，只能换来员工当面小心翼翼，点头称是，背后牢骚满腹，心怀怨气，哪里还会有为团队出谋划策、积极谏言的意愿。

小结

员工所看重的尊重绝不仅仅是管理者对其展现出礼貌得体的行为举止。还有管理者能否尊重员工的劳动付出，尊重员工积极工作的状态，尊重员工的思想和理念。这类尊重没有标准的行为规范（没有像礼节、礼貌规范一样有固定的言行），而是取决于管理者的内心。如果管理者内心是真正尊重一位员工的，即使他会冲员工生气发火（像亮剑中的李云龙一样），员工也能感受到管理者的尊重。反之，表面的“相敬如宾”可能带给员工高高在上的距离感。

6.2 信任的力量

- **让员工感受到来自上级的信任，这是激发员工潜能的开始**

韦尔奇的职业生涯一直倡导坦诚、信任的工作文化，他认为打造信任是领导者的底线。通常我们探讨的是管理者如何让员工信任他。是的，这很重要，只有取得员工的信任，才能得到员工的“心”，正如中国古话“得民心者，得天下”，取得员工的信任是所有优秀管理者的共同之处。而本节想探讨的是信任的另一个视角，即让员工感受到来自上级的信任，这是激发员工潜能的开始。

【经典案例 20】 信任是一种能量

美国心理学家罗森塔尔有一个著名的实验。他在一所小学进行了 7 项测验，从 18 个班的学生中选出“最有发展前途”的学生，他将这份名单交给校长和相关老师，并叮嘱务必保密，以免影响实验的正确性。其实罗森塔尔撒了一个“权威性谎言”，名单上的学生是随意选出的，8个月后，奇迹出现了，凡是名单上的学生，每个人的成绩都有大幅提升，且开朗自信、自强上进。显然，名单对老师产生了暗示，左右了老师对学生能力的完全信任，而老师有意识或无意识地将其心中深信不疑的结论用其言行态度传染给了这些学生，使他们有了很大的变化。实验表明，对一个人的信任就是对他最好的激励。

如何让员工感受到你对他的信任呢？信任不是上级口头说说“我很信任你，你做事我很放心”之类的套话。如果只说套话，员工开始可能还有动力。但是一旦他发现是虚假的信任，有些员工的内心就可能会产生很强的失落感，而失去工作的动力。

【经典案例 21】

有个农庄长时间不下雨，乡亲们请了一个老道士作法求雨，老道士卖力地又跳又唱，口中振振有词，终于作法完毕。并告诉大家，雨神一会儿听到祈祷就会下雨的。众乡亲们感谢，给老道士送钱送食物。这时有个小男孩走到道士面前双手递上一把雨伞，道士不解，问小男孩什么意思？围观乡亲们也笑话小男孩行为怪异。小男孩关切地说：“一会儿要下雨，您没带伞呀。”道士顿时不语。

从这个故事里，你能看出什么？发自内心的信任，才能自然流露与之相同的言行，老道士自己都不相信能求雨成功，他自然忘记了要带雨伞。作为管理者，首先，要发自内心地信任员工，如果管理者内心有些许质疑，他的言行就会被员工感知到。其次，真心的信任所展现出来的言行也需要刻意地着重向员工传递，让他们体察到。员工有时会对他们看到的上级的言行有不同理解，或是不那么确信。管理者信任员工，就要让员工感知到。就像爱一个人，需要表达，对方才会感受到。

管理者要信任员工的行为动机。绝大多数人行为背后的初衷都是好的，但员工未必知道什么样的行为是相宜的。而且行为成惯性之后，他可能会遗忘了自己的初心，有时甚至会背离初心。帮助员工更清晰地看到他行为深处的初衷，让他知道你能看到他心中最真、最善的动机，并从欣赏的角度理解员工当下的行为。员工便能感受到管理者对其深层次人格的认同与信任，获得很大的安全感，同时也更自律，他会维护自己在管理者心中的印象，保护那份管理者对自己的信任。

若要了解员工更深层的行为动因，需要多观察员工的行为模式，创造机会与员工非正式地沟通，试着发现是什么让他形成了这种行为模式。笔者曾管理过一位很特别的员工，她的能力很强，业绩突出，跨部门合作也很好，其他业务部门都很认可她。然而同部门的人却十分不喜欢她。她不仅常常对部门内其他人员的工作当面挑剔，表达不屑，而且背后会打同部门人员的小报告，搞得团队氛围很紧张。与她沟通过几次也都没能弄清楚她这样做的动因，她好像也察觉到这样的行为给别人和自己带来的困扰，不过依旧我行我素。直到有一次与她闲聊，她谈起小时候生活的环境和发生的事情后我才理解了她这样做的原因。她出生在农村一个比较穷的单亲家庭，还有个弟弟。奶奶和妈妈有很强的重男轻女思想，总想着把她送人。因为她从小很乖，帮大人做很多事，学习很努力，各方面总是强过弟弟很多，周围的邻居也都很喜欢她，家里人才一直把她留在身边。小时候的生活状况使她在潜意识里觉得自己必须什么都要胜过别人才能被“决策层”接纳。她现在工作中所做的一切都只是想保护自己，获得安全感。经她的允许，在一次团建活动中她分享了自己小时候的事情。她与团队成员约定当她无意识中再出现以前那样“过度竞争”的行为时，微笑着对她说一句:“你是安全的。”团队成员不再把她视为自私功利，踩着别人肩膀向上爬的人，而是选择相信她的本意只是在保护自己。她也感受到了团队所有成员对她的信任与包容，与大家共事比之前愉快了很多，她不仅依旧出色地完成自己的工作，而且愿意分享自己的工作经验帮助团队其他人员成长。管理者需要信任团队成员行为背后都有一个良好的动机，引导他们用正确的行为展示出那些良好的动机。

自信心是员工敢于挑战、突破自我、创造佳绩的重要能量。有些员工的自信心源于上级对他的信任。员工在问你怎么办的时候大多已经有答案，他们需要管理者帮他建立目标、自信和深度思考的习惯，而不是替他解决问题、羞辱他和给他压力。上级需要给员工机会听听他们是怎么分析判断问题的，征询他们有什么可能的解决方案等。不要去评判他们哪些地方分析得不对，考虑不全等。如果有认可的部分不吝惜地称赞它；有超出预期或经验的部分，带着好奇心去了解它；有完全不认同的部分先放一放，思考一下它。如果员工有遗漏则启发他去思考，让他自己发现和打开那扇“盲区”的门。

管理者在工作中不仅要认真听取员工的想法和建议，给他们建设性的反馈，还需要关注员工进步和取得的成绩，及时给予认可，让他们感受到上级对他的信心。授权是展示对员工信任的强有力方式，给员工创造平台让他们充分展现自己的才华，自主工作，而不是束缚他们的手脚，要求员工事事请示，样样汇报，审批后才能执行；而不是在过程中遥控指挥员工应该怎么样、不能怎么样，甚至亲自操刀替代员工解决问题，这些都是对求上进的员工最大的打击。在对离职员工进行调查时，不少离职的优秀员工反馈，领导不信任人，不肯放权，不给发挥的余地，这是他们辞职的主要原因。优秀人才通常希望上级给予更自由的空间，让他们按自己的设想和工作方式完成工作，这才能使员工享受到工作中创造的乐趣和成就感，同时也能获得上级信任的满足感。当然信任员工不等同于盲目地授权，需要管理者对员工当下的能力和潜力进行评估。赋予员工有一定挑战性的任务，这会使之感受到上级的认可与信任，激发他们的热情，使之发挥更多的主观能动性。杨元庆从柳传志手上接过联想“帅印”之初，社会各界对杨元庆的能力多少有些怀疑，但柳传志却自始至终地信任他，并且用言行充分表达出来。首先，柳传志在公开场合多次表达：“遇到类似的情况，即使由我亲自管理，也未必能比杨元庆做得好，为什么我们要对元庆这么苛刻呢？”其次，不论别人怎样怀疑杨元庆的能力，柳传志都恪守董事局主席的职责，坚决不干预杨元庆负责的事情。

【经典案例22】 信任是高绩效的推动器

担任微软首席技术官的巴特受益于比尔·盖茨对他的信任。52岁的他经比尔·盖茨亲自出马面试后进入微软公司，得到了比尔·盖茨的充分信任。除比尔·盖茨有时向他请教一些问题外，几乎没有别的人来打扰他，他也不会被要求按条条框框作汇报和接受审核，只要安心从事自己喜爱的科学研究就可以了。在加入微软的最初四年，他就研究出六项重大成果，其中电子邮件的加密软件程序在外界的影响很大。当公司有重大的策略调整和重要事件发生时，比尔·盖茨除征求高级经理的意见外，还会通过电子邮件和全体员工沟通，他们在总部举行的相关会议也会在网上直播，全球的员工可以通过这种方式参与沟通。在20世纪80年代末，微软与IBM达成了共同开发OS/2的计划，但两位普通的工程师对此持有异议，他们直接给比尔·盖茨发电子邮件反映自己的意见，要求公司放弃OS/2，继续其Windows计划，这个意见最终得到了公司的支持，如果没有对员工的充分信任，推动了时代进程的操作系统Windows就可能胎死腹中。充分信任自己的员工，使得比尔·盖茨在各种市场的转变中都非常成功地领先。在这种充分信任的工作氛围召唤下，谢利、鲍尔默、西蒙伊、莱特温……相当一批英才聚集到了微软的大旗下。

《第五代管理》的作者萨维奇认为，怀疑和不信任是公司最大的成本。不信任会使管理内部起内讧，而使管理成本严重增加。管理者不信任员工，就要增加很多监管的制度和流程，员工想做一件事情需要内部审批，层层把关。如果工作中出了问题，管理者不是先想着如何解决，而是先要查清是谁的责任。员工没有安全感，每件事情都需要书面留痕迹，以证清白。没有感受到信任的员工不会愿意多担责任，更不会承担有风险的新任务。因为做得越多就被怀疑得越多，而且每做一件事还需要请示后才能执行，否则疑心重重的上级就会质疑员工的动机。在这样不信任的组织中工作，不做任何改变，墨守成规是员工最安全的选择。如果管理者希望员工充分发挥出能量，出色地完成任务，那么请让员工感受到你的信任，这是对员工最大的激励方式。不仅如此，对员工的信任还会形成一种令人向往的团队氛围，吸引更多外部优秀人才加盟。

小结

信任员工的能力需要智慧，能从细节洞悉对方的能力边界；信任员工的动机需要胸怀，能谅解对方的言行，能包容彼此的差异。能充分信任员工的管理者是实力强大的，因为其不用担心出现失控的状况，能解决所要面对的棘手问题。

6.3 竞争的力量

- **创造良性竞争的机会，使员工从中收获成就感**

每个人都喜欢获胜的感觉，从竞技运动或游戏中获胜后的满足感是吸引人们不断参与其中的动力。人们希望在竞争中占据优势地位，那是一种赢得尊敬的途径，同时也能满足自我实现需求。正如心理学实验表明，竞争可以增加一个人50%或更多的创造力。也有管理专家认为企业效率低，员工不求进取、散漫、没激情是因为缺乏竞争机制。在工作中设计竞争机制能激发员工主动追求更高的目标，或者让员工有压力和紧迫感被动实现更高的目标。然而如果竞争规划设计得不好，反而影响员工工作的效果和团队的士气。恶性竞争会使得同事之间人为设障，独占资源，即使浪费也不用于团队共享，“不正当”的手段将引发员工之间的对抗情绪，使团队关系和氛围紧张，员工若身心疲惫又如何能高效工作?

引导团队进行良性的竞争才可以实现组织所期望的积极高效的工作氛围。第一种竞争方式是自我竞争，也就是与过去的自己竞争。每月、每年让员工自己设定更高的目标。与自己竞争是调动员工内驱力的一种方式，每年年初可以和员工签订《个人发展计划》，见表6-1。与员工共同回顾，过往的一年他在哪些方面有所发展，逐渐形成他的优势领域或能力，哪些类型的任务他觉得还有挑战，哪些能力提升可以帮助他更好地完成这些任务，接下来的一年员工期待自己收获哪些成长。请员工思考，出现了什么样的结果能让他看到自己能力已成长。为了获得这些能力成长，他还要做哪些事情。如果他想让自己有所超越，还要做哪些与往年不同的事情。《个人发展计划》是让员工向内看的过程，使其关注自身可以提升的能力，发现自己的潜能，客观认知自己的发展阶段，更切合实际地为自己树立一个里程碑，实现自我超越。

第二种竞争是员工与设定的标杆竞争，可以是行业标杆，也可将外部竞争对手设定为竞争目标。通过与外部竞争激发出团队整体作战的斗志与能力是体现管理者领导力的重要标志。外部竞争能促进员工打开视野，关注行业的动态和其他公司的策略，这本身就是一种学习的路径。管理者可以定期带领员工分类收集行业的相关信息，分析其他企业的策略行动方案，与员工一起制定针对性的进攻或反击目标与措施，并不定期总结与分析竞争过程中的成败得失。加强与外部的竞争是提升团队整体士气与能力的重要方式。

第三种竞争是员工与内部既定的目标竞争。感觉像在玩“通关”游戏，员工每达到一定的标准，就有机会闯关进入更高级别“工作游戏”中，这就是员工的职业发展通道，即管理部门根据组织发展和人力资源规划的需要，在组织中制定与员工职业规划相匹配的发展通道。组织为员工发展设计出晋级的标准，员工只要超过现有职业标准，就赢得晋级的机会。与内部标准竞争，员工知道做到什么程度算“赢”，获胜后能给他带来什么。管理者需要为员工提供适当的培训、轮岗等机会协助员工在职业通道上不断发展，将员工的个人职业目标与组织发展紧密结合。企业可以依据规模和发展阶段设置多通道的职业发展通道，每一通道分为不同的层级。每个层级各自有详细的责任标准，员工不断努力，当能力、贡献度等达到既定的标准，就可通关晋级。反之，如果经过评估，员工能力和贡献度未达到已在的层级，将会被降级。华为与 NVQ（英国国家职业资格委员会）合作，设计了华为员工职业化发展的制度体系，包括职业发展通道、任职资格标准和资格认证三大部分，这就是著名的“五级双通道”模式。

【经典案例 23】 建立与目标竞争的通道

“五级双通道”，就是将员工的职业发展设计为管理和专业两个基本通道，根据需要，还可将专业通道再细分为技术、营销、服务与支持、采购、生产、财务、人力资源等，每个通道又纵向划分出五个职业资格等级。对于每一名员工而言，根据自身特长和意愿，既可以选择管理通道发展，也可以选择与自己业务相关的专业通道发展。在这个多通道模型中，每个员工至少拥有两条职业发展通道。以技术人员为例，在获得二级技术资格之后，根据自身特长和意愿，既可以选择管理通道，也可以选择技术通道发展。由于两条通道的资格要求不同，如果技术特点突出，但领导或管理能力相对欠缺的话，就可以选择在技术通道上继续发展，一旦成长为资深技术专家，即使不担任管理职位，也可以享受公司副总裁级别的薪酬与职业地位，企业也得以充分保留一批具有丰富经验的技术人才。很多员工还可以选择两个通道分别进行认证，企业采取“就高不就低”的原则来确定员工的职等待遇。职业发展等级资格标准，规定了职业发展路径上不同能力等级的要求，初次认证之后，将来每隔 1—2 年，都会对职业发展状况进行周期性认证，认证结果是晋升、迁移、原地不动或降级的重要依据，华为由此实现了“干部能上能下”的制度化管理。

建立《员工职业发展通道》，见表 6-2，是让员工与内部既定的目标竞争。其意义在于，第一，员工能在这样的体系中明确知道企业所认同的能力标准、贡献度标准是什么，知道自己可以往哪些发展，也知道做到什么就可以达到目标，这有助于增强员工的进取心。第二，员工或上或下都有清晰的评判标准，员工能超过标准，就可以竞争到上岗机会。公平透明的机制能让员工相信，也更有意愿通过个人的努力奋斗赢得胜利。第三，它给员工开辟了多条职业发展通道，不再是千军万马挤在独木桥上，形成恶性竞争。第四，不进则退的竞争规则，也让员工有淘汰的压力，从而激发内在强烈的自我学习动力。

第四种竞争是与内部非合作关系人员竞争。在有一定人员规模的企业中，当同一职能由多个部门或人员承担，他们彼此之前没有合作关系，也不需要资源争抢时，就可以采用内部竞赛的方式，使员工体会到竞技游戏感觉，激起他们奋力获胜的能量。

【经典案例 24】 竞技活动提升干劲

查理士·修瓦普是美国一家连锁工厂的大老板。在他所属的工厂中，有一家生产状况特别差，修瓦普就去问那家工厂的厂长：“我认为你是位非常精明能干的厂长，为什么你们生产状况比别家差得多呢？”厂长回答说：“这一点使我非常困扰。我试过种种办法，或命令或奖励，甚至是巴结奉承，工人们就是提不起工作兴趣来。”当时正好是夜、日班交接的时候。修瓦普拿了支粉笔，走向工厂。他问一位快下班的日班工人：“今天你们共浇铸了几次？”“6

次”，那位工人回答说。修瓦普不说一句话，只是在地板上写了一个很大的“6”字，就出去了。夜班工人进厂时看见地上的字，就问日班工人那是什么意思。日班工人回答说：“刚才老板进来，问我做了几次，我回答6次，他就在地板上写上‘6’字”。第二天早上，修瓦普又到工厂，发现地板上的“6”字已经被改写成了“7”字。日班工人看见地板上的“7”字，知道夜班的成绩比他们好，不觉产生不服气的念头。下班时，日班工人很得意地在地板上写了“10”字。此后，工厂的成绩越来越好，大家你追我赶，相互比赛和竞争，工厂的效益日趋好转。

类似这样的竞技活动还有各销售区域在某时段的销量冲刺比赛、专业技能比拼大赛、创新发明评选活动等。在麦当劳一年一度传统的明星大赛（ALL STAR）上，所有的麦当劳门店都会推出各个项目的参赛人选：比如，谁的薯条炸得最棒；谁的汉堡做得最好；谁的柜台服务让顾客最满意；等等。最后让选出的明星分享他们工作时的经验，以帮助其他在这方面需要提升的同事。这使得明星员工获得的荣誉和成就感的同时还能帮助较弱技能员工得到提高，同时他自己也需要持续保持好的工作状态以求在下次大赛中继续获胜。管理者设计这样的活动既能将员工的工作业绩和能力提升，使组织受益，又能让员工在竞争中享受玩游戏般的快乐，从而更进一步地调动员工积极投入的热情。

小结

竞争心态是与生俱来的，它可以带给人兴奋感和激情。特别是良性竞争，还可以给人带来愉悦感和获得感。在日常管理中穿插合适的竞争性任务有助于增加工作的趣味性、团队成员之间的互动性等以提升员工工作的快乐指数。

表6-1　员工个人发展计划IDP（　　年）

员工姓名：　　　　部门：　　　　职位：　　　　职位时间：

Part–I　主要工作与关键胜任力

说明：下表中主要工作部分应与员工年度绩效责任书上的内容一致。

主要工作		关键胜任力	
责任范围	年度关键任务	所需关键知识	所需关键技能

Part–II　年度个人发展计划

说明：通过此部分制订年度个人发展计划；行为描述尽可能具体；优势项和发展项各一项；每项关键胜任力对应的行为描述一般不超过三条。

关键胜任力		符合要求的行为描述	获取和应用的具体行动计划	如何评价效果
优势项				
发展项				

Part–III　价值观呈现

说明：在期中和期末复核时，需要用实际行为事例（STAR）来呈现自己在当期内践行了四种企业精神中的至少两种精神。每种企业精神需要用自己本人记录的和第三方反馈的各一条有代表性的行为事例（STAR）来呈现。所以，需注意平时积累行为事例。

员工签字：　　　　直级经理签字：　　　　隔级经理签字：

日　期：　　　　日　期：　　　　日　期：

表 6–2 员工职业发展通道

职位名称	职位等级	职责描述	基本条件评估			资格条件 / 核心标准			
			学历	工作年限	价值观典型行为描述	绩效结果	知识 / 技能	贡献评估维度	胜任能力标准

6.4 意义的力量

● 企业中每一项工作都有其意义，管理者不仅要让员工完成工作，也需要让他们看到工作深层次的意义

心理学家曾做过一个实验，随机请甲乙两组人员分别用简单的零件拼装机器人玩具。实验人员将甲组人员拼装好的机器人放在一个精致的透明盒里后摆放在展柜上。而实验人员将乙组人员拼装好的机器人现场拆散，然后给乙组人员新的零件再次拼装（与甲组相同），然后将乙组拼装好的机器人再次现场拆散。甲乙两组人员的其他条件、环境均一致，但与甲组成员相比，乙组的拼装效率逐渐降低，而且乙组成员在实验中很多人显现出厌烦的情绪。实验证明，当人们看到自己所付出的劳动转化成有意义的成果时，他们的工作动力和满意度会明显高于那些认为自己劳动无意义的人。

这也能解释为什么公益活动能唤起很多人的共鸣，人们愿意积极地奉献出自己的时间、精力和金钱，不在意有没有任何物质的回报，也较少关注是否有个人荣誉，因为公益活动能让他人、社会、环境变得更美好，其本身的意义是如此之大，所以人们乐意无偿投身于此。企业中每一项工作都有其意义，管理者不仅要让员工完成工作，也需要让他们看到工作深层次的意义。员工了解了这份意义，便能从中获得更多自豪感与成就感。

工作是员工获取钱物回报的重要方式，但工作不应只是为了赚钱养家。倘若管理者只让员工感受到工作本身仅仅意味着用劳务换回等额钱物，按投入产出的想法，员工会选择用更少的劳务投入获得更多的钱，“磨洋工”、偷奸耍滑的现象就会屡次出现。通过加薪让员工喜爱上自己的工作是件很难做到的事，让员工发现并欣赏工作本身的意义与价值将唤起员工对工作的热爱。有意义的工作本身就是一种激励，它让人能获取存在感、价值感与成就感。希腊哲学家苏格拉底曾说："不懂得工作意义的人常视工作为劳役，则其心身亦必多苦痛。"曾访谈过企业内的几十名优秀员工，他们表达其工作动力不是职位和薪酬，而是真心喜欢他们的工作能创造价值。这份喜欢能让员工在工作上持续释放能量，以创造更多的佳绩。优秀的管理者会带领员工寻找其工作真正的意义与价值所在，让员工为自己的工作而自豪，喜爱上自己的工作。

【经典案例25】 赋予工作意义（一）

管理专家曾经发现一个案例：在施贵宝公司的事业部门中，有位生产线上的作业员，她的主要工作是负责将翻倒的瓶子捡起来以确保生产线不会阻塞。她得整天盯着生产线看，这原本是非常枯燥乏味的工作。这位员工开始不愿意让别人知道她在施贵宝做什么，认为自己的工作不值一提。上班时间也只尽责完成，确保不要因为出错而受到扣罚。后来新来的主管给他们讲解生产的产品对每位婴儿和母亲的好处，如果能降低成本，会让更多的人享受到它的益处。之后这位员工说："再有人问起我的工作时，我不难为情了，我会说我是生产团队的一员，而我们的责任就是，以最合理的成本为全世界的婴儿与母亲制造出品质最好的产品。"这位女士从原来只是埋头苦干但求无过错，到现在为自己的工作感到自豪，都是因为她清楚地知道了团队的目标和工作的意义，即她的努力履责是为了让婴儿和母亲收获高质量的产品体验。

管理者都盼望自己团队的成员能积极主动地工作，发挥主人翁的精神。帮助员工找到他们所认可的工作意义，可以提升员工的积极主动性。因为意义的存在将使员工获得责任感、成就感或价值感等，引发员工内在驱动力。如果员工不只是把完成工作任务当成目的，还把完成工作当成实现他所认可的意义的一种途径，他就会愿意做工作的主人，敢于挑战困难，不断创新并带着持久的热情投入工作中。作为团队的管理者需要清楚地向团队成员传递团队共同目标的意义是什么，这种意义对员工个人、团队和组织分别意味着什么。员工越清晰认知并认同工作意义，他们的参与度就会越高，在工作执行过程中就更愿意全力以赴。此外，员工越能理解团队工作共同的意义就越少产生本位主义，这有助于降低团队的合作成本，提升大家的凝聚力和大局意识。

【经典案例 26】 赋予工作意义（二）

某个卫生组织的会计师一直习惯于严格执行各项会计制度，哪怕只有一点点瑕疵的表格也会打回给办事人员，让他们重新填写。这位会计师一直以此为荣，在他看来他是对工作极其负责，而且追求工作上的完美。但是他的严苛拖慢了组织工作的效率，他的工作也已经成了组织内其他人厌恶的一环。新来的上级希望这位会计师能有所改变。上级没有对会计师进行说教，而是邀请他一同进行一次实地探访。当会计师看到基层的办事人员艰苦的工作环境和微薄的收入，感受到了每一张拖延的支票都可能引起迟发工资，甚至耽误某个孩子的诊治时，这位会计师意识到，负责任的财务人员不仅仅是严格执行会计制度，还要为组织其他工作人员着想，为那些急需帮助的人着想。组织工作效率的提高会帮助更多需要诊治的患者。探访之后，这位会计师开始主动帮大家修改有错的表格，辅导大家如何正确进行财务申请和报销。

这位会计师行为的巨大转变，源于他对工作意义认知的转变。他从原来认为严格执行会计规则是其工作的意义，转变为高效的组织工作能帮助需要诊治的患者。他能够赋予工作新的意义是他的上级让他看到组织总体的目标，让他清楚地知道组织目标的意义。当这位会计师感受到那份工作更大的社会意义时，他愿意为此付出加倍努力，承担额外职责。

小结

人有多种角色，其中工作中的角色是人作为社会产物的一种重要的角色。对于绝大部分人来说所从事的工作是否有意义对其生命的品质有很大影响。将更有意义的事情做好，会让人们的动力和自我实现感更强。然而有时候人们会疏于观察和思考手头工作的意义，可能会轻视它们和自己的价值。管理者可以从这一方面引导员工，帮助他们发现工作本身更大的意义。

6.5 荣誉的力量

● 获得荣誉感是满足人们高层次需求的一种途径，是人们自我实现的一种体现

能让员工拥有荣誉感是管理者领导力的体现。管理者可以通过设计项目为员工创造获得荣誉的途径。项目设计的重点是将项目内容与组织的价值观或者组织目标紧密相关。如花旗集团的核心价值观之一是“客户至上”，强调把提高服务质量和以客户为中心作为花旗集团的长期战略，让高品质服务成为其核心竞争力。客户对高品质服务的认可也是花旗希望员工所珍视的一份荣誉。因此在花旗集团一直保留“花旗品质服务卓越奖”这个重要的荣誉奖项，以奖励那些在公司内部服务与外部服务方面都表现出高品质的员工。200多年来对高品质服务的坚持，使“花旗”两字已成为世界金融服务的品质标准。另外，荣誉项目设定后需要对全体员工进行详细诠释，以明确荣誉项目的意义。不断宣扬什么样的行为、结果是被组织高度提倡和认可的，是被组织嘉奖的，同时高调地赞扬奖励那些真正做到的员工，报道有榜样力量的事迹，鼓舞更多员工向之学习。

【经典案例 27】 荣誉注入动力

美国 IBM 公司有一个“百分之百俱乐部”，当公司员工完成他的年度任务，他就被批准为该俱乐部会员，享受会员的“特殊权益”，此外他和他的家人都将被邀请参加隆重的聚会活动。公司的雇员都将获得“百分之百俱乐部”会员资格作为第一目标，以获取那份荣耀。

海尔鼓励实实在在的微创新。对于员工提出的能促进工作效率与质量的小创新给予充分的认可。这种认可不是支付员工多少奖金，而是直接用员工的名字命名他们不断改进的工作方式，如“王德工作法”“李勇冰柜”等。海尔以员工命名的操作法有几百余项。这种命名式的荣誉使得员工充满自豪感，也为其他员工努力工作注入了动力。

在授予员工荣誉的时候，需要有强烈的仪式感。这样的仪式感会让员工感受到“众星捧月”般的荣耀，激发其他员工对荣誉的向往。笔者曾经服务过的一家企业，年终会举办专门的颁奖晚会。所有获奖的优秀员工都会走红地毯，红地毯两旁站着的其他员工将为他们献花、照相，与他们握手或拥抱，获奖员工上奖台后还将签名留照，并且在光荣墙板上印上手印，而签名照和手印泥塑板会在公司文化墙上展出一年。另外，对获得最佳贡献奖称号的员工们，企业会邀请其父母或配偶、孩子参加晚会，并安排员工与家人共同上台领奖，接受公司高管的感谢与祝贺，员工们都特别珍惜让家人共同感受这份荣誉的机会。

响亮的岗位名称也能给员工带来荣誉感。让员工从岗位名称中找到自我的认同感和角色的自豪感同样重要。比如，有些企业的区域销售经理的名片上印着区域总经理。又如，将电工称为电力工程师，将产品售前服务人员称为销售顾问等，这些响亮的岗位名称对企业没有任何成本，但能给员工带来荣誉感，使他们更喜欢和认同自己所从事的工作。

除了让员工个体有荣誉感，更重要的是让团队成员有集体荣誉感。如果一个团队缺乏对集体荣誉的追求，团队成员将很可能缺少团队意识，有些员工甚至可能只为追求个人的利益而做出损害集体的事件。塑造集体荣誉能激励团队中的每位成员，是打造高绩效团队的重要环节。

电视剧作品《士兵突击》中每当有新兵加入七连，就会有一个仪式来介绍七连光荣的历史，并让每位新成员记住自己是七连的第几名士兵以增强新兵的集体荣誉感和团队意识。每位新兵从入队就开始了解“钢七连”的团队座右铭“不抛弃，不放弃”。每位战士从领悟到践行，再到传承连队的这种精神，使得七连获得各种荣誉（被称为“尖刀连”“钢七连”）。七连光荣的历史是每位七连战士骄傲的资本，他们以自己是七连的人而自豪，他们拼尽全力也会守护“尖刀连”的光荣称号。每一位士兵身上体现出来的那种强烈的集体意识以及对集体荣誉感的捍卫，让“钢七连”无论是在内务还是军事训练都能做到卓越。

集体荣誉感能让每位团队成员提升对团队的认同感，增强团队的凝聚力。建立起集体荣誉感会让团队成员间自发地互相正向影响，约束自己或别人不当的言行。在集体荣誉感强的团队，其成员间乐于合作，甚至能为集体利益牺牲个人利益，因为他们认同一荣俱荣、一损俱损。在这样的团队中，员工希望自己是为团队争夺荣誉的人而不是拖后腿的人。团队成员会自发努力提升个人的能力，提高工作质量，为自己重视的团队增添一份荣耀。

小结

著名的心理学家阿德勒曾提到人们的行为动机是追求优越感，超越自己或别人。获得荣誉能让人们感受到其所追求的优越感，它是人们内在的驱动力。在工作中适时加入荣誉的元素以满足人们内在动机的需求，是一种很有效的激励方式。

7 第七章 提升员工价值

7.1 提高员工的“期望值”

● 当员工有更大把握能预见成功时，他们的积极性会被更大程度地激发

在激励理论中有一个重要的理论，即由北美著名心理学家和行为科学家维克托·弗鲁姆提出的期望理论。这个理论用公式表示为：激励度 = 期望值 × 效价。在这个公式中，“激励度”指调动个人积极性，激发个人动力的强度，“期望值”是人们根据自己的经验判断达成目标的把握程度，“效价”则是所能达到的目标对满足个人需要的价值程度。例如，一位年薪百万的员工有赢得 1 亿美元的机会，1 亿美元对他来说“效价”值很高，能提升他的积极性和动力。然而当这位员工知道赢得这笔钱，他需连续 30 天不吃不喝还要跑步，依据他的经验判断这件事情根本不可能完成时，他的“期望值”为零。这时对这位员工的“激励度”也为零，所以他不会有动力与积极性去抓住这样的机会。期望理论通常提示管理者需要在给员工制定工作目标时进行测评，设定的目标最好是要让员工“跳一跳”能实现的，而且目标实现后的回报也要对员工有吸引力，这样才会增强对员工的激励效果。依据这个理论，年初管理者给员工分解指标时就会将一个大目标，拆解成若干小目标，然后和员工讨论一个个小目标实现的可能性等，让员工从思想上接受虽然有挑战性但是很有可能完成的大目标。让员工感受到实现目标的“期望值”很高，从而调动起员工的内在动力，激发员工完成目标的意愿度。从这个角度看，目标拆解方式的确是一个能提升员工“期望值”的好方法。从另一个角度看，如果员工完成相同目标，但因某种原因完成它的难度降低了，员工能实现目标的“期望值”也会加大，同样也能起到激励员工的目的。

《瞬变》这本书里有这样一个案例。1990 年，杰里·斯特宁被国际慈善组织派到越南去解决越南儿童的营养不良问题。但他发现自己没钱、没人、没资源，同时还被要求半年之内做出成绩。很多人建议他写份报告就返回美国，告诉组织，越南需要先发展经济，然后发展教育，母亲们的素质提高了，孩子的营养问题才能解决。可斯特宁没有这么做，他拿着尺子下了乡。经过测量身高，他选出了家里虽穷但身体健康的孩子们，然后深入调研，他发现这些孩子家里都吃四顿饭，妈妈会去稻田抓小鱼小虾给孩子吃，还把番薯叶的汁淋在饭上一起蒸。斯特宁就在村里带着那些营养不良孩子的妈妈们用这几招一起做饭。因为简单易学，投入的成本也不高，这些妈妈们很乐意跟着他做。6 个月后，当地 65% 的儿童营养问题得到改善。这样的成效，吸引了很多其他村的妈妈们也用这套方法，解决越南儿童的营养问题取得了实质进展。假定那些营养不良孩子的妈妈是斯特宁的团队员工，如果斯特宁采纳了很多人的建议告诉那些妈妈们先要发展经济，然后还要发展教育，提高自己的素质再解决孩子营养问题。能有多少妈妈会有积极性参与到改善孩子营养的工作中？《瞬变》的作者希思称这些人的建议是正确的废话！而低效能的管理者们常常说这类正确的废话，听上去无比正确，但员工执行起来却几无可能。当员工认为一件事件太有难度，需要匹配超出自身能力很多的才干方能完成，他们通常会选择望而却步。当然这时给高薪也能调动他们投入热情去尝试，但几番努力之后终将劳而无获。如果企业管理者能像斯特宁这样不仅能够从“绩优”妈妈那里总结分析出解决问题的关键，而且能够把有难度的复杂任务分解成“普通”妈妈可以学习操作的具体步骤，让人数占比更大的“普通”妈妈也能做到“绩优”，那么员工的“激励度”就会大幅增加。因此管理者应建立有效的工作方法提升员工获得高绩效“期望值”，使员工们更易获得成果，这将激发员工行动的欲望。

在管理中有时候会发现，某些员工表现出来不屑于做某类事情，实际却是因为他没有能力去完成这类事情，但是为了维护个人的面子，不让别人察觉出他能力的欠缺，他通常表现出没有意愿度，或者有时会强烈地质疑、否定新的工作方式、新的事物等。这类现象很可能发生在年龄较大或司龄较长的员工身上。激励他们的方法不是不断地向他们提供高价值回报以增强他们的意愿度，而是提升他们抓住机会的“期望值”。也有些管理者在团队员工没有完成任务时，只会向公司反馈给员工的物质激励太少，所以员工没有意愿度去做，来推脱管理者在激励员工方面应有的职责。这样做的管理者会理所当然地将激励员工这事推卸给公司。也许那些员工没完成任务是公司的薪酬绩效政策不够好，与管理者能力没有关系的想法会让他们心安。但是，如果给足够的物质回报，员工就会做出出色的业绩，那公司需要管理者的意义是什么呢？

管理者的重要职能之一就是帮助员工提升“期望值”，让员工有更大的把握完成工作，以增加员工的“激励度”。有两种方式有助于提升员工的“期望值”。第一种方式是降低员工完成原有目标的难度。以前面提到的《瞬变》为例，面对有挑战的任务，如果管理者自己先将如何做研究透，提炼出标准清晰的工作方法教给团队成员，而不用大家盲目试错，将有助于降低员工的工作难度，使员工加强执行力。在实际管理过程中，管理者通常可以通过建立信息反馈系统、优化工作流程、分析绩效偏差、找出问题根本原因等方式，降低员工达成既定目标的难度。又如，人们可能在自动取款机提款时，将钱匆忙拿走而忘记取走银行卡。后果可能是卡丢失或者被吞，不论哪种情况都会加大银行解决此事的工作量，增加银行管理投入。据调查，如果取款人很着急取款，通常他们不会忘记取钱，但较容易忘记拿卡。依据调查，银行决定将原来先出现金再退出卡的顺序进行调整，改为取款人操作完毕，先提醒他取卡，然后出现金。简单的流程变化，使得丢卡和吞卡率下降超过50%。明显降低取钱人拿钱不拿卡的出错率，使银行在这一方面的管理投入和管理难度明显降低。

前面所讲的是管理者通过一系列的工具、方法或流程降低实现绩效的难度，以提高员工实现目标的“期望值”。另一种提高“期望值”的方式就是提升员工自身的能力，使得员工完成工作的把握度更高，增加愿意做的动力。如果观察小朋友，你会发现有时他对某项活动很感兴趣，但是你让他参与到小朋友们中，和其他孩子共同体验活动时，他又很不愿意。那是因为小朋友担心自己不能做好，所以他不愿意去尝试。如果大人能在私下帮助他掌握如何达到活动的要求，再有类似活动时小朋友可能就会踊跃参与。对于成人也一样，当员工感觉自己的能力基本达到完成工作的水平时，他们更有意愿投入此项工作，依据维克托·弗鲁姆提出的期望理论，这时对员工的“激励度”会增加。

培训是提升员工技能的一种方式。与在学校期间学习不同，学生在校学习更多的是掌握理论知识体系等，学习的目的较少用于解决某个问题。工作期间的培训更强调的是以终为始，学以致用。这里的“终”是工作目标，培训的内容、方式、评估等都是紧紧围绕达成工作目标进行设计与实施的。这种培训是事前的训练。如宇航员在实际进入太空站前，都会穿着太空服在海洋里模拟空间站进行长时间的训练，以适应失重状态下的工作要求。管理者如果能在员工正式执行任务前，创造出模拟的工作场景进行多次事前演练，能很大程度地提升员工胜任力，提升员工内心的“期望值”，从而增加工作动力。

在员工学与用的过程中，管理者需要让员工保持刻意练习，所谓刻意练习，是指每次学习前与员工协商达成目标的练习。在学习过程中管理者要花更多的时间观察与反馈，引导员工自我觉察在哪些方面需要修正。这种刻意练习的方式有助于员工对新学技能的快速掌握。人们在无外界压力下，自然会选择自己熟悉的工作模式，即使原工作模式和工作能力不能满足新的任务和目标，人们还是有可能选择待在自己的“舒适区”内，停滞不前。如果这时没有管理者的强行推动，可能员工又将废弃刚学会的新能力。所以管理者在员工首次执行任务时要“强制”员工学以致用、巩固所学，使之真正转化为员工的工作能力。在此期间管理者需要观察员工是否使用了新的技能，及时与员工沟通运用新技能时出现了哪些挑战，再针对具体运用场景进行指导，强力促成员工养成新技能的使用习惯，提升其能力，建立其信心，调动其挑战当前任务的积极性。

员工运用新技能一段时间后，已经有了自己的一些经验与感悟，可以让员工将自己成功的经验进行总结，并与团队成员分享。能作为分享者将自己的成功之处让团队其他成员学习，这本身就是一种荣誉，也是能提升员工获得成就感的一种激励方式。另外，员工作为分享者，他肯定需要将所学与所用再进行回顾与思考，这个过程又让员工进一步地掌握新技能。还有团队中的其他成员看到身边的同事已经用新技能获得了好的业绩，这对他们也是一种鼓励或鞭策，从而带动起团队的行动力和士气。

开拓员工的视野也有助于员工能力的提升。学习新的技能时，常常会说“知易行难”，技能的理论知识很容易理解和记住，但是要真正做到却需要大量的实践才可能掌握。然而还有很多事情是“知难行易”，爱迪生花费数年，试遍 1600 多种材料，写了两万多页的笔记才找到合适的灯芯。知道如何发明出电灯，比生产出电灯本身要难很多，创造知识比运用知识更难。开拓员工的视野是避免让员工闭门造车，什么都自己“摸着石头过河”。外部已有的成熟经验、有效的工作方法可以采用“拿来主义”，以提升员工解决问题的能力。定期让员工关注前沿信息，创造机会让他们多与外部的同行交流，去标杆的企业参观学习，组织头脑风暴等都有助于开拓员工的视野。见识广能使员工获得更多创造性的思维，有时只要能想出问题的解决办法，执行起来就很容易。开拓视野也有助于让员工产生上进心，当员工看到外部还有很多好的方式完成当下的工作时，将改变原有的故步自封或自我满足的状态，而愿意进行挑战，尝试新的方法。

小结

当设置的目标远高于员工目前的能力时，大部分员工会选择观望或放弃。管理者不能选择调低组织的目标时，大部分管理者会采取增加奖金的方式以期望员工改变观望、放弃的态度，全力以赴，但这种方式的有效性较低而且成本很高。更有效的方法是像上文提到的杰里·斯特宁一样降低员工实现目标的难度，这对于组织能力与管理者能力都提出了较高的要求，然一旦成功，团队的整体动力和执行力均会有大幅度的提升。

7.2　丰富员工的经验

- **实战将提升员工个人能力为组织创造价值**

生活中有各种各样的“本本族”，比如车本族是指那些已经学会开车，因各种原因没有在实际生活中开车的人。这些人投入时间和精力学习某项技能，但在之后的生活或工作中没有创造出机会或把握住机会将能力转化为成功经验，没有价值产出。相反，如果学习之后能有很多场景可以运用所学且成功实践，便能对个人学习投入产生价值回报，也加强了这方面的能力。管理者在培养员工能力之前，需要考虑相关的岗位或职责是否可以让员工运用所学的知识技能。在培训结束后应安排员工完成对应的任务，以帮助员工积累运用新技能的经验，将其能力转化为组织价值和个人价值。

读 MBA 是很多职场经理人参加培训的首选，某公司奖励年绩效优秀管理人员读 MBA，希望管理者们学习深造后能对企业的发展有更大的帮助。然 MBA 中的战略、运营、项目和财务管理等多门课程，对这些中层管理者而言并不实用，他们的上级也很少创造机会让他们参与到相关的任务当中。管理者们认为自己每周末花时间学习并没有什么价值，因为对个人当下的工作没有实际的直接帮助，也并不觉得读了 MBA 后自己的能力就有所提高。公司投入高额的费用，员工花了时间却没有给双方带来收益。读 MBA 不仅变成了绩优管理者的一份荣誉，而且成为他们跳槽的增值资本，这显然与该企业人才培养的初衷不符。参加培训是满足员工个人成长需求的一个重要的途径。培训是帮助员工获得能力和建立自信的方式。培训结束后是否有实际工作机会锻炼，是否能将积累转化为价值和成就也是员工自我实现所关注的重要部分。当员工能力更强时，如果管理者能赋予员工更有挑战的职责、任务可以使员工感到自己受到重视和重用，这对员工有很好的激励效果。另外，适度授权也是一项重要的激励技巧。如果管理者让员工承担更多职责时没有适度授权，要求员工事无巨细皆需请示，初期员工能力尚在建立还没有太多经验时不会有强烈的反感，可如果员工能力已完全胜任职责，也积累了不少经验，管理者仍旧不授权，员工就可能出现逆反心理，消极怠工，甚至推卸责任。管理者懂得授权不仅能提升管理效率，而且有助于提升员工的工作能力，丰富员工的工作经验，更重要的是能使员工的心态变得积极。

小结

企业用人有时会进入一个怪圈，即某个重要岗位空缺时企业不得不选择空降。原因是该岗位的下级员工的能力与经验不足。而下级员工能力经验不足是因为企业担心员工会失败，不放心让其承担与此岗位相关的职责，员工没有机会历练以增强能力和补充经验。结果就形成企业缺人时总是空降，原有高潜力下属没机会提升而流失的怪圈。在这样的怪圈中优秀的员工会因为没有实践机会而错失经验，个人成长速度降低，工作热情也将备受打击。培养加授权，信任和包容才是对这些优秀员工最好的激励。

第五篇

物质激励——有时也需要来点实在的

【主要内容】

- 物质奖励如何能发挥出激励的效果?
- 薪酬作为重要的物质奖励方式要注意什么?
- 多样化的福利激励效果如何?
- 富有情感的奖品为何更打动人心?
- 用物质奖励激励员工时有哪些误区?

采用物质激励时，如何奖励常常比奖励多少更重要

物质激励与精神激励各有千秋，在员工生活成本较高的时代，仅仅有精神激励则很难满足员工对生活的需求。物质激励则通常运用工资、奖金、福利、奖品等方式激发员工的主动性和创造力。那么该如何奖励呢？

首先，物质激励应与组织的目标结合起来，员工的满意度提升的同时，组织目标也得以实现。

其次，要有相应的制度体系保障，并在明确的标准、规则下实施。如果奖励标准不明确，员工不清楚颁奖的目的与获得的理由，反而会让员工质疑公正性，降低员工的满意度和士气。其中，符合组织价值观与发展需要、鼓励价值创造、提升员工满意度的薪酬绩效体系是物质激励发挥作用的重要保障。

8 第八章 用物质激励给员工“补钙”

【经典案例 28】 用好物质激励，实现组织目标

松下公司在公司走下坡路时提出各部门所完成的利润采取 40% 留于自行支配的做法，将利润留成主要用于本部门员工的福利、更换或扩充设备等。各部门完成的利润越多，留存的利润也就越多。这种所得与所付出紧密联系的激励方法促使各部门为了各自的利益而拼命地工作。员工用加倍努力的劳动获得了一定的物质生活资料，而松下公司则发展成为日本最大的电器公司。

8.1 与绩效绑定的薪酬激励

薪酬是企业对员工所创造价值的回报，是企业对员工所做贡献的认可。尽管薪酬不是激励员工的最有效办法，并且激励力度会在短期内失效，例如，涨薪后 3—6 个月之后大部分员工会认为这些薪酬是应得的，并不会因为增长的薪酬有更积极主动的工作状态，但是薪酬依旧在人才竞争与保留上起到重要的作用。薪酬作为员工生活的重要保障，如果远低于员工的预期，会使员工感到生活没有安全感，影响员工对企业的归属感，甚至可能导致离职潮的出现。薪酬作为管理工具之一，是企业价值观的“风向标”，它可以向员工传递什么样的行为与结果是公司认同并将给予激励的，什么样的行为与结果是企业不允许出现或不鼓励的。给员工支付的薪酬总额相同，但薪酬结构不同或薪酬支付原则不同时，产生的薪酬激励效果就不同。

这里的薪酬指狭义的薪酬，分为固定工资、年度弹性奖励、各类津贴、长

期回报等。固定工资通常是与员工的岗位职责以及职级挂钩的。这部分薪酬要与同行业市场薪酬进行分析比对后进行确定，市场人才的供给是开放的，人才的市场价值也很透明，员工会依据他在市场的价值选择能给予对等价格的企业，参加同行业的薪酬调查有助于企业了解市场人才薪酬的竞争状态，以制定对自己有利的薪酬策略，如果企业希望在人才市场上有较强的竞争力，制定市场同岗中的高薪酬水平是一个重要因素。不同企业其品牌知名度、企业软实力不同，采取的薪酬策略也不同。同一企业在不同的发展阶段，其薪酬策略也不尽相同。比如，有些知名企业采取的是中等薪酬策略，像IBM、宝洁等，他们的固定薪酬部分并不是行业里薪酬占位最高的企业，但他们依旧能吸引到优秀人才，因为除各类福利外，企业搭建的工作平台与成长环境对优秀人才很有吸引力。上述提到的薪酬占位是指各岗位年总收入在市场上所占的P值。合理的薪酬占位是指公司内各岗位的薪酬水平在市场上所占的P值相同或相近。例如，一个公司的薪酬政策定位在市场同行业中等水平的位置，那这家公司的薪酬占位在P50值。无论是该公司的基层岗位还是该公司的中高层岗位的年总收入的薪酬占位都接近市场的P50值。也有一些公司为了吸引和保留某些关键岗位的人才，将这类岗位的薪酬占位定高，一般会高于该公司其他岗位10—20个P值。

在QZH公司，岗位代码为1—4的基础岗位的薪酬占位为P80，岗位代码为5—7的中层岗位的薪酬占位为P55，而岗位代码为8—10的高层岗位的薪酬占位为P45。由此可见，QZH公司的薪酬占位出现了很不合理的倒置现象。也就是说，QZH公司给基础岗位的员工工资支付远高于市场平均薪酬水平的工资，但这些符合基础岗位的人员在劳动力市场中处于供大于求的状况，QZH公司在这一方面投入高额的人工成本是没有太多价值的。而对于市场紧缺的高级管理人才和专业技能人才，QZH公司支付的工资却低于市场的平均薪酬水平。就这一部分紧缺人才来说，QZH目前的薪酬水平对外没有竞争力，对内缺乏激励性。这样的薪酬体系将对QZH公司长远的发展产生严重的负面影响。

设计薪酬之前要对职位价值进行评定，以体现付薪的内部公平性，如果职位等级与职位价值不匹配，薪酬的激励效果会受到影响。职位等级是依据各岗位对企业的贡献度和对公司战略目标实现的价值确定的，所以同一职等的岗位，不论它隶属哪个部门，承担什么样的工作内容，他们的职位价值都应是相似的，所对应的年总收入相差不能过大。还以 QZH 为例，此公司出现了较严重的职位等级与职位价值脱节的现象。

同一职等不同岗位的职位价值应是相近的，所以同职等不同岗位的年总收入的差距不应过大，例如，一个企业薪酬占位在市场 P50 线上，同职等不同岗位的年总收入中最低收入不应低于 P25，最高的年总收入不应超过 P75，这样才能体现同一职等的职位价值相近性。

而 QZH 公司同职等不同岗位的薪酬分布很散，同一职等中不同岗位的年总收入差距很大，以 10 职等为例，在 10 这一职等上有三个岗位，有两个岗位的年总收入在 P35 线上，而另一个岗位的年总收入却远远超过了 P90 线。同理，在 4、9 职等中，不同岗位的年总收入也分布在 P10 和 P90 之间，同职等不同岗位之间的薪酬差距远远超过合理的范畴。这说明 QZH 公司职位等级与职位价值严重不匹配，薪酬的内部的公平性已经严重失衡。根据公平理论，只有在员工认为薪酬系统是公平的前提下才可能产生认同感和满意度，才可能产生薪酬的激励作用。否则，将打击员工的积极性，使得优秀员工的离职率上升，员工工作效率下降，甚至影响企业的正常运营。那么该如何设计薪酬体系以实现对员工的激励效果呢？以下是 QZH 公司依据前期的问题和未来目标实施的薪酬设计方案。

【经典案例 29】 薪酬改革提升激励效果

通过内外部薪酬调查，QZH 公司高管层清楚地了解到目前薪酬体系中存在的众多问题，以及这些问题对公司的发展可能产生的严重负面影响，同时，高管层也意识到科学的薪酬管理在人力资源管理和企业战略实现方面的重要意义。公司决定进行薪酬改革，重新建立符合企业发展需要的薪酬体系。

一、薪酬设计前期准备

1. 成立薪酬项目小组

由总经理、人力资源总监、薪酬主管、财务主管、销售经理、销售代表 2 名共 7 人组成薪酬设计项目小组。总经理负责向集团领导汇报进行薪酬变革的必然趋势，向全体成员说明薪酬改革的必要性和重要性。人力资源总监和薪酬主管负责项目的具体设计和实施。其他项目组成人员参与工作分析、岗位评价、项目评价等工作。项目小组成员包括公司各个层次的员工，代表公司各个层次人员的看法，使评价过程更公正、公平、公开，有利于薪酬方案的广泛接受。

2. 确定 QZH 公司薪酬设计的理念

薪酬设计之前，项目小组就行业发展前景、公司近五年发展目标、公司财政现状、人才竞争现状等方面进行了充分的讨论，确定了 QZH 公司薪酬设计的理念，具体如下：

（1）薪酬政策

QZH 公司的薪酬政策主要体现在以下三个方面：

①通过行业薪酬调查和对公司财务状况分析，初步确定人工成本占年总销售额的 9% 左右。

②为体现薪酬体系的公平性和激励性，公司决定采用岗位和绩效并重但以岗位为主的绩效薪酬制度。

③为吸引和保留优秀营销人才，薪酬结构由原来的低底薪 + 高奖金，调整为中底薪 + 中奖金。

（2）薪酬设计原则

①公平原则

薪酬机制首先必须公平，其次才能谈激励。公平分为外部公平、内部公平和个体公平。外部公平是指公司的整体薪酬水平必须充分考虑市场的整体薪酬水平和薪酬趋势，强调的是本企业薪酬水平同其他组织的薪酬水平相比较时的竞争力。要做到外部公平性必须先掌握行业薪酬状况，了解公司在行业中的薪资占位。同时需要进行岗位价值的横向比较。由于各公司对同一职责的岗位称呼不同，或者相同的岗位名称但岗位职责相去甚远，所以不能仅把岗位名称作为薪酬调查的依据，更重要的是参照市场同等岗位价值的薪酬数据。QZH 公司采取了对同行业同规模企业进行薪酬调查和按市场标准，评估公司内各岗位，将公司岗位纳入市场标准岗位价值体系等方法。内部公平是指公司支付给岗位的薪酬与岗位的价值相符，为保障内部的公平性首先需要了解各岗位的相对价值，通常采用的方法是工作分析和职位评估。个体公平是指公司对同一岗位上的不同员工，根据员工个人价值的差异而给不同的薪酬。个体差异通常考虑的因素有历史性因素，如学历、专业、工作经验；现实性因素，如业绩表现、工作态度、能力、潜力等，考虑这些因素的目的是保证让优秀员工比普通员工获得更高的工资。

②竞争原则

医药行业当年薪酬平均增长幅度达到8%。各大医药公司特别是本土的中大型医药公司开始不断完善自身的薪酬体系，以吸引市场紧缺的各类人才，特别是要从外资医药企业中挖来有素质、有经验、有资源的优秀人才，市场人才竞争十分激烈。QZH公司正处在快速发展期，已有了较好的经济实力和发展潜力，正需要大量的人才加入，这对QZH公司是否能持续高效增长至关重要，所以本次薪酬设计要强调在行业内的竞争性，对外部人才有较好的吸引力。

③激励原则

新设计的薪酬体系将充分考虑员工能力的不同，以及贡献度的不同，要让贡献大的营销人才、管理人才获得较高的薪酬，充分利用薪酬的激励效果，提高他们的工作热情。建立、健全绩效考核体系，让优秀员工通过绩效考核来拉开与普通员工的收入差距。

④稳定性原则

考虑到此次设计中，QZH公司内部一些员工在薪酬分配的问题上可能会发生较大变动，为减缓员工心理的承受能力，认为新的薪酬制度应分阶段小步幅逐步推行，对因历史原因产生的不合理现象也将采用分年逐步调整的办法，避免一步到位给公司和个人都带来巨幅震荡。还有些比较先进的理论和方法对公司的长远发展确实有利，但也不能马上深入涉及，如期权、股权等，需要等待公司条件成熟以后再逐步引入。

⑤过程公开原则

在整个薪酬制度再设计的过程中始终保持在一定范围内的公开、透明，以利于员工监督，最后的设计方案将对全体员工公开，并进行必要的培训说明，让员工了解本次薪酬设计的理念，设计方法、思路等。员工的理解和支持是薪酬方案有效执行的前提和保障。

（3）薪酬设计的目标

①提高部分岗位的年总体收入水平

QZH公司是医药营销公司，营销人才是公司的核心人才。由于医药行业销售的特点，要求医药营销公司必须有一支稳定的优秀营销队伍。故薪酬设计的首要目标是提高营销类人才的年总收入，使营销类岗位的薪资对外具有竞争力，能吸引优秀人才加入。同时，能够稳定现有核心销售队伍，激发他们的工作热情，创造更高绩效。

另外，根据外部薪酬调查报告显示，QZH 公司中高层关键人才的薪酬占位低于本土中型医药企业的平均水平，远低于外资医药企业。而符合这些关键岗位要求的人才较少，市场供小于求。如产品经理、医学经理等岗位，人才竞争激烈，招募十分困难，QZH 公司空岗情况严重。本次薪酬设计中将提高这部分关键人才的薪酬水平，从而吸引市场中优秀的人才，为 QZH 公司的战略实现储备必需的人才。

但是，对 QZH 公司基础岗位，如各部门行政助理、统计员等岗位，他们的薪酬占位已远高于市场 P90 水平。本次薪酬设计中将降低或冻结这类岗位的薪酬水平。对于岗位中没有发展潜力或表现一般的员工实行降薪或解除劳动关系，对于有发展潜力或优秀员工采取调岗或者冻结薪酬水平 1—2 年的措施，即公司整体调高薪酬水平时，这类人员的薪资水平不变。

②调整薪酬结构使其更合理化

根据外部薪酬调查的数据显示，医药行业现行的固定工资占总收入的比例远高于 QZH 公司现行的比例。薪酬结构的不合理对 QZH 公司吸引外部人才和保留现有员工都造成了困难。随着 QZH 公司的快速发展和实力的增加，企业已有了承担资金风险的能力，同时公司将来的主打产品是处方药，需要一支较稳定的、高素质的医院销售团队来实现企业的销售目标，所以本次薪酬设计将稍微调高固定工资占总收入的比例，以后逐年调增直至符合市场同行业的现行的水平。

③合理体现职位价值使内部公平性增强

从薪酬调查报告可知，QZH 公司职位等级与职位价值严重不匹配，同一职等不同岗位之间的薪酬水平差距过大，内部公平性较低。本次薪酬设计将重新对各岗位进行工作分析和岗位评估，明确各职位的相对价值，重新确定各职位等级，使得职位薪酬水平与其价值相挂钩，增强内部的公平性。

二、工作分析

工作分析是人力资源开发与管理的基础环节，它可以为许多人力资源管理活动提供信息。如工作分析中的工作要求是评价员工工作绩效的标准和依据，以工作分析为基础的岗位评价是合理制定薪酬标准的基础。

1. 工作分析的主要类型

工作分析是指收集与某一特定工作有关的信息。本次 QZH 公司工作分析所需信息的主要类型有：

（1）工作活动

工作活动包括工作任务的描述，如工作任务是如何完成的、为什么要执行这项工作、什么时候执行这项工作、与其他工作和设备的关系、进行工作的程序、承担这项工作所需要的行为、动作与工作的要求等。

（2）工作条件

工作条件包括人身工作环境、劳动强度、工作背景、工作进度安排等。

（3）对任职者的要求

对任职者的要求包括与工作有关的特征要求、特定的技能要求、特定的教育和训练背景要求、与工作相关的工作经验、态度要求等。

2. 工作分析的方法

工作分析的方法有很多种，依据 QZH 公司的岗位工作性质和特点，主要采用以下方法：

（1）资料分析法

收集同行业同类岗位职责说明书，了解和分析其他公司同岗位工作内容和任职要求等信息。同时收集和分析 QZH 公司内部的《部门职责》《岗位职责》等资料。将内外两部分岗位职责说明书进行对比分析，找出它们之间的共性和区别之处。通过内外部资料的对比可以了解到 QZH 公司在任职资质要求上是否与市场同类岗位相近，以提升 QZH 对市场人才定位的准确性。同时，从职责描述的对比中也能了解到 QZH 公司各岗位的工作职责是否符合市场惯性，工作数量、内容是否合理等，为后期调整岗位职责提供了重要的依据。

（2）问卷调查法

调查对象主要是岗位现任职员工和其上级管理者。调查问卷内容包括员工基本信息、职位目的、工作职责、绩效标准、任职资格、所需培训等方面。收集问卷结果，整理相关信息，草拟职务说明书。草拟的职务说明书是依据现任职人员对岗位现阶段的描述，同时结合人力资源部从外部同行业同类型企业收集的职务信息完成的。

（3）深度访谈法

职务说明书是否符合公司现在和未来两年的要求需要和各部门负责人进行深度沟通，涉及内容主要是职务说明书包括哪些板块，每一板块的内容、规范性描述及其意义、职务说明书的作用等。各部门负责人需结合岗位现实及近两年岗位职责发展的要求等情况提出改进建议。人力资源部与各部门负责人共同讨论、研究、修改完善职务说明书，形成最终版本。

三、职位评估

职位评估是根据职位分析的结果，按照事先确定的一定标准，对职位的责任、复杂性及所需任职资格等一系列因素的差异程度进行的综合评估。职位评估是用来衡量职位间的相对价值，而不是任职者的表现好坏，它涉及固定时间段内或特定运营战略下职位之间的相互关系，而不是职位的绝对价值。

1. 职位评估的作用

职位评估是薪酬设计的重要前提之一，其作用表现在以下几个方面：

（1）建立衡量公司岗位的价值标准

公司内部由不同的部门组成，每个部门都承担不同的职责，对公司战略目标的实现都有着重要的贡献。但各部门间有不同的岗位，岗位间的工作职责也有较大的差别，对公司的运营价值也是有区别的。所以仅从岗位名称和工作内容上确定岗位对公司的贡献是不合理、不科学的。通过职位评估可以明确各个岗位的系统、等级等。使工作性质相同、工作职责相近、工作上所需资格条件相当的不同岗位都归于同职等。部门间、岗位间的价值就有了衡量标准。

（2）外部薪酬调查的基础

由于行业内公司规模不同，使得同岗位名称，不同工作职责的现象很普遍。例如，一家拥有上万名员工的跨国公司的销售总监与一家仅有几十名员工的民营企业销售总监相比，虽然职位都叫销售总监，但他们在职责大小、复杂度、任职资质等方面存在很大的差异，这种差异使得他们在市场上的价值不同，市场所支付的薪酬也不同。所以在参加外部薪酬调查时仅仅依据岗位名称进行配比是没有任何意义的，需要通过岗位评估将岗位名称转化为市场所认可的标准化的岗位价值，即岗位职等。

岗位评估是薪酬设计的重要基础，评估结果是否准确不仅影响对外部薪酬数据合理、科学地使用，还会影响内部岗位之间价值的公平性。采用科学的方法进行岗位评估成为关键的环节。

2. 岗位评估方法的选择

岗位评估通常采用如下方法：排序法、因素比较法和因素点值法。其中因素点值法是目前薪酬设计中运用最广泛的一种方法，也是一种定量化的岗位评估方法，大、中、小型企业均可采用。它无须确定关键岗位，而是事先开发一个评比的标准，直接把所有待评估岗位根据标准中的各种付酬因素打分，分值相加得到岗位评价的总分，这种方法适用于各种规模的企业，比较科学。因素点值法和其他几种评价法比较，它最显著的特点有：

（1）对每个因素进行独立、明确的判断决策。与依据经验的整体分析方法相比，更加系统与准确，且工资体系清晰，能尽量减少个人主观因素对岗位评价的影响。

（2）因素点值法是最简单的定量分析方法，与因素比较法相比，开发成本较低且简洁明了，各个层次的员工都容易理解。

（3）明确指出了岗位比较的基础——报酬要素，能反映组织独特的需要和文化，强调有价值的要素。每项工作的评分都能够简单地转化为报酬，很少出现混乱与曲解。

经薪酬项目小组讨论，QZH 公司岗位的评估采用因素点值法。

3. 职位评估因素选择

职位评估，也叫职务评价或岗位评价，是找出企业内各种岗位的共同付酬因素，根据一定的评价方法，按每项岗位对企业贡献的大小，确定其具体的价值。其主要目的是衡量企业内部每一项工作的价值，并建立各项工作价值间的相对关系。

QZH 公司当年参与了第三方组织的薪酬调查项目，同时参与此项目的另外 14 家企业都是本土中型医药企业。15 家医药企业在市场、产品或人才等方面均存在竞争关系。直接从外部购买的薪酬数据报告较难将职位名称和职位价值相匹配。同样职位名称的岗位在不同的公司所承担的职责是不同的，甚至差异很大，所以仅通过职位名称来比较薪酬水平的高低是没有任何意义的。故15家公司希望通过外部的专业薪酬调查公司组织岗位评估和薪酬调查工作。15家公司就能够运用同一套岗位评价体系以确定各自公司的所有岗位在这套体系中相对应的职位价值，然后再进行薪酬数据的比较，从而更准确地了解本公司与同行业同规模的竞争企业之间的薪酬差距，这为公司薪酬设计提供强有力的参考依据。

第三方公司是一家专业的薪酬调查公司，根据其以往的医疗行业薪酬项目经验，第三方公司首先提供了包括知识技能、学历背景、授权范围等25个与医药企业岗位相关的评估因素，并对各项因素的含义进行详细的说明。15家参与薪酬调查的医药企业的薪酬项目小组成员分别对这25个因素的重要性进行打分。重要性分为五个级别，5分：十分重要；4分：重要；3分：比较重要；2分：一般重要；1分：不重要。15家企业将各自对评估因素的打分结果交至第三方公司，由他们进行数据统计和分析。第三方公司采用平均值来描述数据的集中程度，用标准差来描述平均值的离散程度。通过对数据平均值和标准差分析来确定评价因素的分配权重，标准差大于1，平均值又大于3.0的因素被确定为15家医药企业共同认可的岗位评估因素。最终确定的岗位评估因素有10项，包括知识和技能的应用程度、教育背景、主要职责、处理问题的复杂程度、授权范围、创新程度、沟通程度、管理人数、财务权限、突发事件处理。具体计算某一因素所占权重的公式为：因素的权重 = 因素的得分 /10项因素得分总和。

4. 对相关人员进行岗位评估培训

对所有评价成员进行有关岗位评价的培训并在培训后进行试打分，进行前馈控制，是岗位评价中比较重要的一步，培训的质量直接影响评价的结果。培训的内容主要是介绍为什么要进行岗位评价、岗位评价的方法、为什么要选择因素点值法以及岗位说明书的运用、评分的流程，数据统计处理方法和原则等。并再次说明评价的结果与薪酬的关系，强调评价委员会成员在评价过程中做到坚持对岗不对人、公正、独立的原则。

5. 组织岗位评估

薪酬项目小组成员依据职位评估因素及等级划分标准对公司每个职位进行逐项评估。在进行职位评价时特别强调评价该职位，而不是评价目前任职于这个岗位的人。同时强调，以现在到未来一年之内该职位的工作为主要评估范围，评估因素及等级划分见表 8-1。

表 8-1 职位评估因素及等级划分标准

知识技能	1. 熟悉简单的职位工作要求，具备基本的阅读、计算、书写能力
	2. 熟悉标准工作程序，能够按照标准工作程序完成工作
	3. 熟悉复杂的工作流程，能够操控整体设备、项目或流程
	4. 掌握丰富的知识，并具备相应的能力，在某一专业领域有多年的理论知识和丰富的实践经验
教育背景	1. 中专及以下
	2. 大专
	3. 本科
	4. 硕士及以上
主要职责	1. 从事简单例行的工作
	2. 从事同一职能下多项程序的工作
	3. 监督指导部门内某一职能的运作
	4. 监督指导部门的工作
处理问题的复杂程度	1. 根据原有处理问题的模式和经验，处理新的问题
	2. 结合原有的处理问题的模式和经验综合考虑，寻找出相应的方法和方案
	3. 依靠以往的经验来处理从未发生过的问题
	4. 根据掌握的技术和环境条件，开展新业务或者发展新领域
授权范围	1. 个人须按既定工作流程和方法完成工作，可对工作的优先顺序自主排序
	2. 按照部门运营计划和目标，可以自主地安排工作流程，保证工作目标的实现
	3. 按照公司既定的运营目标，制定部门单个功能模块的运营计划和目标
	4. 按照公司的发展目标，制订部门的运营计划
创新程度	1. 依照公司的既定目标，对工作流程或步骤进行调整、完善，以提升工作效能或者改善结果
	2. 运用相关知识、技能或方法，设计出新的工作流程或步骤，以提升工作效能或改善结果
	3. 根据原有经验，创造出新的方式方法，进而提出新的工作流程
	4. 综合运用多项技术和方法，研究出全新的方法或模式

续表

沟通程度	1. 只需与人简单地交流，通过资料传递与同事、主管沟通
	2. 经常和部门或公司以外的人员进行工作接触，提供服务或交换信息，能够在沟通中清楚、明确地表达个人意图
	3. 需要经常说服他人合作或完成服务，需要具备倾听技巧和良好的解说能力
	4. 需要经常说服他人改变态度和观点，使敏感、情绪化、容易引发争执的问题得到处理和解决
管理人数	1. 0 人
	2. 1—5 人
	3. 5—10 人
	4. 10 人以上
财务权限	1. 1 万元以下
	2. 1 万—10 万元以下
	3. 10 万—50 万元
	4. 50 万元以上
突发事件处理	1. 在处理突发事件过程中，提供资料、记录的支持服务
	2. 在处理突发事件过程中，提供咨询、分析、技术的支持服务
	3. 控制突发事件的处理运作过程
	4. 主导处理突发事件

6. 验证职位评估结果的合理性

（1）编制职位评估表

某一岗位各项评估因素的得分 = [该项因素的总得分 –（该项因素的最高分 + 最低分）] / 评估人数。某一岗位的职位评估总得分 = ∑各项因素得分 ×500。薪酬项目小组成员分别对各岗位进行评估。人力资源部依据评估结果，编制完成各岗位职位评估结果表，见表 8–2。

表 8–2 职位评估结果

岗位名称	评估得分	岗位名称	评估得分
销售总监	1875	财务专员	1000
财务总监	1875	销售代表	1000

续表

岗位名称	评估得分	岗位名称	评估得分
人事行政总监	1625	人事专员	875
市场总监	1750	销售行政	800
大区经理	1500	部门助理	800
产品 / 医学组经理	1500	市场专员	1125
地区经理	1400	信息主管	1250
培训组经理	1475	销售主管	1125
财务主管	1275	……	……

（2）岗位评估结果的验证

岗位评估是薪酬设计中的一个重要环节，其结果是否科学、合理，直接影响后期薪酬体系的质量。因此，QZH 公司特意委托另一家专业的薪酬顾问公司验证本次岗位评估结果是否合理。

首先，薪酬咨询公司建立了一个与关键岗位的市场工资有关的模型，借以评价 QZH 公司评估出来的内部岗位价值分数是否与外部市场工资水平保持一致。

这时才能依据岗位评估结果，确定职位等级。划分职位等级是指将价值相同或相近的岗位归入同一职等。职位等级的数目应该适中，如果划分的职等太少，那些工作任务、责任和工作环境差别较大的员工都将被支付相同的薪酬标准，就会损害薪酬政策的内部公平性。另外，如果划分的职等太多，那些在本质上没有什么明显差别的工作就会得到不同的报酬，同样也会损害薪酬政策的内部公平性。实践中，一般以 4—15 个等级为佳。根据 QZH 公司职位评估得分结果，经薪酬项目小组成员讨论最终确定职位等级的数量为 11 个，从而形成 QZH 公司的职位等级序列，见表 8-3。

表 8-3　职位等级序列

职等	销售部	市场部	营销人力资源部	营销财务部	培训部	总经办
11	销售总监			财务总监		
10		市场总监				

续表

职等	销售部	市场部	营销人力资源部	营销财务部	培训部	总经办
9			人力资源总监			
8	零售、商业、医院销售经理、大区经理	产品组经理、医学组经理		财务经理		
7					培训组经理	
6	统计分析组经理、地区经理	产品经理	薪酬绩效组主管			
5			招聘组主管	财务组主管	培训主管	信息主管
4	销售主管		劳资关系主管			行政主管
3	医院代表、商务代表	产品经理助理		区域财务/营销财务/市场稽查		网络管理员
2	销售助理/OTC代表		人事专员		培训专员	采购专员
1	行政秘书/统计助理/区域行政	市场专员		出纳		行政专员

四、岗位薪酬设计

QZH公司经过十年的发展，已逐步形成较完善的工作制度与流程，每个岗位的职责较明确，同时与岗位职责相匹配的知识、技能、经验也相对明晰，不同职位对企业承担的价值贡献度不同；同样，不同员工在同一岗位，因其个人的技能掌握程度的不同对企业的贡献度也是不同的，因此QZH公司对职能类岗位采用岗位薪酬与技能薪酬相结合的方式。

1. 确定QZH公司薪酬占位

当年QZH公司的人事费用率为8.1%，人事费用率=人事费用/营业额×100%，人事费用是指工资、津贴、年终奖金和绩效奖金等的总和。外部的薪酬调查结果显示，QZH公司的人事费用率在同行业中属于较低水平。也就是说，与行业内同规模公司相比较，QZH公司支付能力较强，人事费用的增长空间较大。根据QZH公司现在的发展阶段、营业额、营销区域大小、人数、产品知名度、产品结构、财务支付能力等各方面情况，薪酬项目小组的成员认为 QZH 公司已经具备实力，同时也需要将薪酬水平提升至本土中型医药企业中较领先的位置。将来，随着公司的不断发展，出于人才引进和保留的需要，QZH 公司将逐步向本土的大型企业甚至外资企业薪资水平看齐。项目组讨论后决定将 QZH 的市场薪酬占位线从原来的本土中型企业的 P55 左右调高至 P75 线。调整后人事费用将增长 15%。2006 年 QZH 公司的目标销售额为 4 亿元，比 2005 年提高了 8%。2006 年预计 QZH 公司的人事费用率 =8.1% ×〔(1+15%) / (1+8%)〕=9%。从人事费用率看，仍低于同行业平均人事费用率，QZH 公司有能力承受薪酬增长幅度。

2. 确定职能类岗位薪级幅度

职位等级数和薪酬占位线确定之后，要确定每个职等的级幅度。某一职等的年总收入不是唯一的点值，而是一个区间，这个区间被称为级幅度。级幅度反映处于同一职等的在职员工因工作经验、绩效等方面的不同而在薪资上存在的差异。确定级幅度主要有两种做法，一是级幅度统一化，即不同的等级采用固定的级幅度，按比例或按绝对分值；二是级幅度差别化，即不同的等级采用不同的级幅度。一般来说，薪资架构中的职等越低，级幅度越小，等级越高，级幅度越大。QZH 公司提倡职能类“小步快跑，大步慢跑”的政策。“小步快跑”是指员工有较大的晋升空间和机会。中基层员工技能、知识、经验达到了上一职等的要求，且他的年度绩效连续两年为优秀就有机会晋升，通过晋升提高他的薪资待遇。优秀的员工平均 2—4 年就有可能晋升更高一职等，对员工的吸引力较大。高层员工采用“大步慢跑”的政策，高层的晋升空间相对较小，其业绩考核的周期也较长，因此给高层员工留出较大的薪酬增长空间，从薪酬的角度加强对高层管理人员的吸引力。因此低职等的级幅度定为 20%—30%，高职等的级幅度定为 60%—80%。

3. 确定职能类岗位的薪酬结构

职能类薪酬由固定工资、浮动工资、津贴福利三部分组成，不同层级人员的固定工资占总收入的比例是不同的。对基层员工来说，他们在工作中的表现影响的范围较小，对企业整体经营状况影响微乎其微，甚至可以忽略不计，所以基层员工的收入比较稳定，与企业整体经营业绩的联系也较松散。高层管理人员对企业整体经营业绩有着更为深远的影响，所以他们的报酬应当与业绩紧密挂钩，承担更大的责任。本次薪酬设计将确定职能类薪酬结构。见表 8–4。

表 8–4　职能类薪酬结构

<table>
<tr><th>职等</th><th colspan="2">对应岗位</th><th>固定工资占总收入(%)</th><th>浮动工资占总收入(%)</th><th>津贴福利占总收入(%)</th></tr>
<tr><td rowspan="9">1—5</td><td>行政秘书</td><td>产品经理助理</td><td rowspan="9">70</td><td rowspan="9">20</td><td rowspan="9">10</td></tr>
<tr><td>统计助理</td><td>招聘主管</td></tr>
<tr><td>区域助理</td><td>劳资主管</td></tr>
<tr><td>市场专员</td><td>人事专员</td></tr>
<tr><td>财务主管</td><td>信息主管</td></tr>
<tr><td>区域财务</td><td>采购专员</td></tr>
<tr><td>网络管理</td><td>稽查专员</td></tr>
<tr><td>出纳</td><td>行政主管 / 专员</td></tr>
<tr><td>培训主管</td><td>培训专员</td></tr>
<tr><td rowspan="4">6—9</td><td>统计分析组经理</td><td>产品（组）经理</td><td rowspan="4">60</td><td rowspan="4">25</td><td rowspan="4">15</td></tr>
<tr><td>医学经理</td><td>财务经理</td></tr>
<tr><td>薪酬绩效组主管</td><td>培训组经理</td></tr>
<tr><td>人力资源总监</td><td></td></tr>
<tr><td rowspan="2">10—11</td><td>市场总监</td><td>财务总监</td><td rowspan="2">40</td><td rowspan="2">40</td><td rowspan="2">20</td></tr>
<tr><td>销售总监</td><td></td></tr>
</table>

4. 编制职能类岗位薪酬级别表

确定了职能类岗位的级幅度和薪酬结构后，就可以确定岗位的固定工资。各个职能类岗位的最小月基本工资 = 该职等最小年总收入 × 固定工资占总收入 %/12 个月，同理，最大月基本工资 = 该职等最大年总收入 × 固定工资占总收入 %/12 个月。薪级的个数应适中，过多或过少的薪级个数在后期调薪时会造成一些困难。QZH 公司将职能类岗位的最小、最大月基本工资之间划分为 20 个薪级，使得每调增 2 个薪级大约可增长 8% 工资，这一涨幅与医药行业的市场薪酬增幅相接近。通过计算编制薪级表，见表 8–5。

表 8-5 薪级表

薪级	职等										
	1	2	3	4	5	6	7	8	9	10	11
1	2250 元	2810 元	3430 元	4290 元	5250 元	……	……	……	……	12250 元	15600 元
2	2280 元	2850 元	3490 元	4360 元	5340 元	……	……	……	……	12540 元	16010 元
……	……	……	……	……	……	……	……	……	……	……	……
18	2750 元	3440 元	4350 元	5440 元	6890 元	……	……	……	……	17170 元	22580 元
19	2780 元	3470 元	4410 元	5510 元	6990 元	……	……	……	……	17460 元	22990 元
20	2810 元	3510 元	4460 元	5580 元	7080 元	……	……	……	……	17750 元	23400 元

5. 销售类岗位宽带薪酬设计

QZH 公司是以营销为主的公司，75% 的销售人员，25% 的职能人员。公司的销售网络遍及全国，根据地理位置设置了西南、西北、华中、华南、华北、华东、东北七个大区经理，每个大区下设相应的省级地区经理共 18 人，地区主管 40 人。销售队伍是公司重要的组成部分，并且是相对独立的一个群体，有其明显的特点：

（1）工作业绩直接影响公司的生存。如果销售工作没有开展起来，则公司的其他各项工作都无法正常进行。

（2）工作业绩可衡量。销售人员的工作业绩在短期内能体现出来，其业绩表现为一定时期的销售额、新客户开发数、货款回收额等，业绩指标具体、明确。

（3）业绩不稳定，波动性大。销售人员的业绩除靠自己的主观努力外，很大一部分还取决于外界环境因素，这不是销售人员所能控制的，因此，其业绩常常表现为不稳定，业绩差距较大。

此外，销售人员的工作内容相差不大，但不同销售人员之间的业绩水平很可能会因个人能力的大小有非常大的差异。需要从薪酬水平方面承认这种差异，对业绩突出的销售人员进行有力的激励。销售类岗位的工作特性与职能有较大的区别，QZH 公司针对销售类岗位的特点采用了宽带薪酬制。

所谓宽带薪酬，就是企业将原来十几甚至二十几、三十几薪酬等级压缩成几个级别，即在组织内用少数跨度较大的工资范围来代替原有数量较多的工资级别的跨度范围，但同时将每一个薪酬级别所对应的薪酬浮动范围拉大，从而形成一种新的薪酬管理系统及操作流程。职位等级少，但每一职等薪酬空间较大。宽带薪酬不仅通过弱化头衔、等级、过于具体的职位描述以及单一的向上流动方式向员工传递一种个人绩效文化，而且通过弱化员工之间的晋升竞争而更多地强调员工之间的合作、知识共享、共同进步来帮助企业培育积极的团队绩效文化，这对于企业整体业绩的提升无疑是非常重要的。

6. 确定销售类岗位的薪酬占位

QZH 公司经过十年的发展，无论是从营业额、营销区域大小、产品知名度、产品结构还是从财务支付能力等方面都比企业创业初期有了很大的变化。初创期的低人工成本策略已经不适合，甚至阻碍了企业的发展。外部的薪酬调查显示，QZH 公司销售类岗位的薪资占位低于外资药业的 P25，接近本土中型药业的 P55 位置。QZH 公司的发展战略要求员工具备很高的素质和专业性。这类人员大都集中在外资医药企业。提高 QZH 公司的薪酬占位是吸引这类人才的方法之一。薪酬项目小组的成员认为 QZH 公司已经具备实力，先将薪酬水平提升至本土中型药业中较领先的位置，随后几年将逐步与外资医药企业靠拢。

7. 确定销售类岗位职等

QZH 公司原来的销售岗位职等有 14 个，包括初级零售代表、高级零售代表、商务代表、资深商务代表、医院代表、资深医院代表、一级销售主管、二级销售主管、一级地区经理、二级地区经理、三级地区经理、一级大区经理、二级大区经理、三级大区经理。通过前期的岗位评估，QZH 公司现将所有销售类岗位分为 5 个职等，它与公司职能类岗位职等的关系见表 8-6 所示。

表 8-6　销售类岗位与公司职能类岗位职等关系

销售类岗位职等	对应职能类岗位职等	对应销售类岗位名称
1 职等	1—3 职等	零售代表
2 职等	2—4 职等	商务代表、医院代表
3 职等	3—6 职等	销售主管
4 职等	4—8 职等	地区经理
5 职等	5—10 职等	大区经理

8. 确定销售类岗位薪酬级幅度

QZH公司将薪酬确定在本土中型药业市场薪酬值的P75分位线，即将P75这条薪酬线作为QZH公司薪酬中点线，其对应的各职等的值即为该职等年总收入的中点值。某一职等的年总收入不是唯一的点值，而是一个区间，这个区间被称为级幅度。级幅度反映处于同一职等的在职员工因工作经验、绩效等方面的不同而在薪资上所存在的差异。QZH公司销售类岗位采用宽带薪酬制，其级幅度比职能类岗位的幅度大很多。以零售代表为例，QZH公司全国共有近80名零售代表，他们在岗位职责、工作内容等方面没有差异，因此他们都属于1职等，但是他们绩效表现差别却很大，需要从薪酬的角度去体现和认可这种差距。采用宽带薪酬设计能较好地体现这种差距，优秀的零售代表可以拿到市场P90分位的薪酬水平，而普通的代表只能获得市场P50分位的薪酬水平。QZH公司销售类岗位的级幅度见表8–7所示。

表8–7 销售类岗位的级幅度

职级	对应岗位	级幅度（%）	年收入最小值（元）	中点值（元）	年收入最大值（元）
1	零售代表	100	28148	42222	63333
2	医院/商务	110	40860	63333	98166
3	各类销售主管	130	57576	95000	156750
4	各类地区经理	160	80222	144400	259920
5	各类大区经理	200	109744	219488	438976

根据各销售类岗位的级幅度和其薪酬占位（即中点值）可确定出岗位年总收入的最大值与最小值。年收入最大值 = 中点值 ×（级幅度/2+1），年收入最小值 = 中点值/（级幅度/2+1）。

一般来说，职位等级越低，其对应的薪酬级幅度就越小，职等越高，其对应的薪酬级幅度就越大。这是因为，一方面职位等级越高的岗位，任职者工作绩效的差别就越大，只有薪酬的浮动幅度比较大，才能激励那些承担着对组织价值较大的工作的员工努力工作。另一方面职位等级越高，员工继续晋升的空间就越小。因此，需要设置比较大的薪酬级幅度来激励他们工作。

9. 确定销售类岗位重叠度

相邻职位等级的薪酬可以设计为有重叠，也可设计成无重叠。重叠是指两个相邻的职等薪酬最高值和最低值之间有一段重叠的部分，重叠设计的目的是允许职位等级低的员工在某一职级内获得较高的薪酬，并且能让未得到晋升的员工有足够的薪酬增长空间。这样设计的好处在于一定程度上缓解了员工岗位晋升要求与岗位晋升数量有限的矛盾，有利于配合绩效考核激励员工，有利于岗位轮换和交流。结合 QZH 公司销售类岗位的特点，在设计销售类岗位薪酬时，相邻两个职等之间有较大的重叠度，见表 8–8 所示。

表 8–8　销售类岗位重叠度

职　级	对应岗位	年收入最小值（元）	年收入最大值（元）	重叠度（%）
1	零售代表	28148	63333	39
2	医院 / 商务	40860	98166	41
3	各类销售主管	57576	156750	43
4	各类地区经理	80222	259920	46
5	各类大区经理	109744	438976	50

如表 8–8 所示，优秀零售代表能够获得比普通医院代表和商务代表更高的薪酬回报，绩效卓越的零售代表还有可能获得比普通销售主管更高的年收入。这样的设计打破了原来只有升职才能涨薪的观念，有利于鼓励销售人员提高销售专业技能，做专业的销售精英。

10. 确定销售类岗位薪酬结构

QZH 公司销售类岗位的薪酬也是由固定工资、浮动工资和津贴福利三大部分组成的，其薪酬结构见表 8–9 所示。

表 8–9　销售类岗位薪酬结构

岗　位	固定工资占总收入（%）	浮动工资占总收入（%）	津贴福利占总收入（%）
各类销售代表	35	45	20
各类销售主管	35	45	20

续表

岗　位	固定工资占总收入（%）	浮动工资占总收入（%）	津贴福利占总收入（%）
各类地区经理	30	50	20
各类大区经理	30	50	20

与本土中型药业市场相比，QZH 公司固定工资占年总收入的比例较低。前面已分析过，这种现象已影响到 QZH 公司吸引和留用人才，需要进行调整。薪酬结构分 3 年逐步调整到市场同行业所习惯和认可的比例。如表 8–10 所示，本次销售代表的调整幅度最大，增加了 15%，固定工资占年总收入达到 45%。

表 8–10　固定工资占总收入比重调整幅度

职　等	岗　位	固定工资占总收入比重（%）		
		本土中型药业	QZH 公司现行	QZH 公司调整
1	零售代表	75	35	45
2	医药代表、商务代表	75	35	45
3	各类销售主管	55	35	40
4	各类地区经理	55	30	40
5	各类大区经理	50	30	35

11. 销售类岗位薪酬级别表

确定了销售类岗位的最大年收入、最小年收入和薪酬结构后，就确定了各职等的月固定工资的最小、最大值。最小月固定工资 = 最小年收入 × 固定工资比重 /12，同理，可得出该职等最大月固定工资。将最小月基本工资与最大月基本工资之间划分为 25 薪级。QZH 公司将销售类岗位的最小、最大月基本工资之间划分为 30 个薪级，使得每调增两个薪级大约可增长 8% 工资，这一增长幅度与医药行业的市场薪酬增幅相接近。通过计算编制薪酬级别表，见表 8–11。

表 8-11 薪酬级别表

薪 级	职 等				
	1	2	4	5	6
1	1390 元	2080 元	2830 元	4300 元	5880 元
2	1430 元	2150 元	2930 元	4450 元	6080 元
3	1480 元	2220 元	3020 元	4590 元	6280 元
……	……	……	……	……	……
30	……	……	……	……	……

QZH 公司本次的薪酬设计方案首先增加了外部薪酬的竞争力，公司的薪酬占位线由原来 P50 左右调增至 P75，达到了本土中型企业较高的水平。明显减少了因薪酬偏低引起的员工跳槽人数，同时加强了对外部优秀人才的吸引力，特别是对市场上较稀缺人才的吸引。其次，员工公平感提高，公平的职位等级评价体系和员工能力评价体系，较大程度消除了员工间的不公平感。在本次薪酬体系调整中，利用了职位评估体系，这不仅便于市场对比，也在公司内部建立了公平的职位评估系统。同时，请员工参与薪酬设计和对员工进行及时的沟通与宣传都使员工更加认可整个薪酬方案。员工以前盲目攀比工资高低的现象逐渐消除，员工间的公平感增强。再次，员工安全感增强，从原有系统的分析过程中可以看出，由于固定工资占总收入的比重过小，员工承担了主要的业绩风险，使得员工缺乏安全感。本次薪酬方案增加了固定工资占总收入的比重，让企业承担更多的风险，员工的积极性有了较大的提高，对公司的归属感加强。最后，薪酬体系与市场接轨，新的薪酬管理制度中规定公司每年将至少进行一次薪酬回顾，包括对市场分析、员工流失分析、福利政策分析，以确定是否对薪酬进行调整。此项规定消除了员工几年工资不变的状况，也改变了薪酬与市场脱节现象。

另外一些处于创业初期的企业，企业知名度低，且企业长期发展状况不明朗，如果想吸引行业优秀人才的加入，除固定工资在中等水平之上外，还需要增加长期回报作为重要的激励方式。如果企业的发展过度依赖外部人才，且这些人才具有稀缺性，人才所创造的价值对企业发展是阶段性需求，那么企业采纳的通常是高固定工资与高弹性奖励结合的方式激励员工。此外，同一家公司在不同的发展阶段对各层级的员工定薪的策略也有不同。如某著名公司在遇到业绩下滑后，在年度固定工资调整上采取这样的策略：对高层员工采用高于市场平均值的增长率，对中层员工和业务骨干采用平均市场增长率，对一般员工则保持工资不变。他们的思路是 80% 的业绩是由 20% 的精英来完成的，少数骨干决定了公司的发展。设计科学合理的薪酬绩效政策既有利于企业的发展，又能保证员工从薪酬中获得经济上的满足，这有利于提高企业员工的工作积极性。

年度弹性奖励通常与员工的绩效和贡献相关联，是薪酬激励的重点。获得年度弹性奖励要有明确的获得规则与客观公正的评估标准，并应严格按照已确定的规则执行。各岗位的弹性奖励设置通常与其所承担的组织目标一致，销售类人员的弹性奖励通常依据销售达成与销售增长，研发人员则通常与项目里程碑的时效、质量与价值挂钩。这两类岗位是最能体现员工业绩差异的岗位，一位优秀的销售或研发人员所创造出来的价值可能比普通员工多十几倍，甚至几十倍。年度弹性奖励要有足够的空间拉开这两类岗位绩优与绩普人员的差距。弹性奖励不是固定工资，它与员工当期的工作创造价值度相关，如果管理者在设置奖励时评估的目标与标准不清晰，或者设计的员工绩效目标与团队总体目标关联性低，则会出现员工获得了奖励而工作目标未能实现的情况。另外，管理者在评估时搞平衡主义，做好做坏一个样，员工获得的奖励也不会有激励的作用。

【经典案例 30】 物质激励应与业绩贡献强相关

某研发公司，研发人员的奖金都是员工月薪的 3 倍，年底依据员工的工作表现评估发放。工作表现包括出勤情况、加班情况、团队合作、项目进度以及项目质量。前三个因素占 50%，后两个因素占 50%，上级评估后给出奖励系数，卓越是 1.2，优秀是 1，良好是 0.9，一般是 0.6，不合格为 0。年底评估后，发现全体研发人员绩效评估结果均在优秀和卓越，而公司整体的研发任务却没有完成。这样的状况持续两年，优秀的研发人员陆续辞职。访谈后了解到，优秀的研发人员认为公司并没有认可自己所做的贡献。没有做出良好业绩的人员与他们获得的奖励几乎一致，绩优员工的士气明显不足。对管理者进行访谈时，他们认为员工工作一年都挺辛苦的，业绩不太好的，工作的态度还不错，有的常常加班等，如果扣了奖励感觉就是扣了大家的收入，管理者在与员工进行绩效面谈时会觉得自己很有压力。

上述研发公司将弹性奖励变成了固定工资的一部分。公司虽支出了额外的薪酬，却反而降低了对优秀员工的激励，也没有让绩效低的人员产生危机感。更好的做法是将研发人员的弹性奖励与项目完成情况直接结合。如果上述企业将所有研发人员月薪3倍的奖励合并建立一个奖金池，并且依据每个项目的难易和市场价值将项目进行分级，项目级别越高，项目奖励额度越高那将不会出现上述情况。完成研发项目通常需要较长周期，可以将项目分解为几个里程碑，赋予不同的权重。研发项目由项目负责人带领团队成员合作完成，项目奖励是给予团队的奖励。在奖金池额度一定的情况下，项目团队成员能力越强，所需要的人数就相对越少，人均项目奖金就越多。项目负责人如果有足够的决定权挑选项目成员，那他一定更愿意选择高绩效的人员加入自己的团队。那些绩效低的研发人员没有项目可以承担，慢慢就会被淘汰出局。同时，如果项目负责人的能力低或管理不公正，项目成员可以拒绝加入此团队，这对项目负责人也是一种压力型的激励方式。一般项目奖励是奖励整个项目团队的，团队成员整体高效才能获得更高的奖金，这也有助于打造团队的合作和凝聚力，形成良好的工作氛围。

为了规避管理者做“老好人”，给所有员工的奖金系数均为优秀及以上，把弹性奖金变成固定工资，有一些企业采用“强制分布”的方式。最著名的案例就是杰克·韦尔奇仅用了20年时间将美国通用电器公司（GE）从连续亏损3年变为世界500强的前十名。“强制分布”是杰克·韦尔奇三大法宝之一，他根据绩效考核结果，把所有员工分为20%、70%、10%，前20%的员工给予大额的奖励，后10%不仅没有奖励而且将被公司辞退。12%的美国大型企业采用了这种“强制分布”的弹性奖励方式。这样的激励方式确实能让员工感受到竞争的动力，激发员工获得绩优的进取心。而且高额奖励前 20% 的员工也给其他员工树立了榜样。不会像前文所提到的那家研发公司那样，出现“劣币驱逐良币”的现象。当然“强制分布”并不能适用于所有类型的公司，即使是同一家公司，在其不同的发展阶段，“强制分布”起的作用也不相同。比如下面这个有关“强制分布”的错误案例。据 2015 年 8 月《纽约时报》深度报道，亚马逊一直采用“强制分布”的方式，排名在最后几位的员工唯一的出路是下岗走人，连调动到其他部门或换一个岗位的机会都没有。结果员工内部出现了恶性竞争，为了创新和完成业绩，同事间关系变得恶劣，业绩竞争变成你死我活的零和游戏，每年部门经理必须完成某个百分比的淘汰率的额度，为了填满这个额度，部门常常不得不选择一个替罪羊来受难。在这个强制淘汰机制下，亚马逊失去了好多人才，以至于硅谷的其他公司如“脸书”，直接在西雅图开了一个办公室，接纳亚马逊内部恶性竞争淘汰下来的人才。良性的竞争与淘汰是企业发展的内在动力，但淘汰人员的比例是否每年都必须有？以及是否每个部门都必须一刀切淘汰人员？这些都需要进行谨慎评估。“强制分布”的目标是优化组织人才结构，吸引和保留更多绩优的员工，同时推动整体员工的业绩和能力提升。当组织人才整体素质水平已达到行业的中上水平时，从外部招到更绩优人才的空间很小，难度加大，此时就不再适用于“强制分布”的方式。相反，如果公司整体的素质水平低于行业平均水平，可以充分使用“强制分布”的方式，高物质高荣誉的方式奖励前 20% 的员工，保留绩优人才，刺激 70% 的绩普员工，带动他们整体提升能力与业绩，迅速淘汰 10% 不胜任的绩差员工，从市场中获得更好的人才以补充到团队中，形成高绩效团队的氛围，使激励效果最大化。

各类津贴是对固定工资的一种补充，对某类员工履行职责的支持，如高温津贴、商务津贴等。也有的是对某类员工的认可，如企业鼓励员工长期与企业共同发展，可以给 5 年以上的老员工设置工龄津贴。企业鼓励员工持续绩优时，可以设置“优秀人才津贴”，对连续 3 年绩效达到优秀的员工给予一次性奖励。还有的企业设置“某年度绩优津贴”，即上年度绩效前 20% 的员工，在次年每月可以获得额外的津贴。第 2 年如果仍然是前 20%，在第 3 年每月工资中仍然可以体现。例如，某生产企业，其原来的生产设备和生产方式以人工操作为主，需要大量生产工人，但对工人的素质、技能要求都不太高。后来生产企业所在行业对生产管理标准越来越高，生产企业希望新建生产线，以机械自动化为主，这时就需要一大批本科学历的生产人员加入。生产企业希望在新建生产线启动期就开始招募本科应届生进行培养，1 年半后新生产线建成时，应届生便能熟悉生产的相关工作。这种情况下，如果按现有工人的薪资水平将很难招到本科生，即使招到，他们也有可能在培养完成后跳槽。如果给予高工资，在职的老生产工人会认为很不合理，因为应届生没有比他们创造更大的价值。最终企业选择设置“生产学位津贴”，不论新老员工，只要获得本科学位就可以获得此项津贴。这样既吸引和保留了本科生，又起到鼓励在职员工深造学习，提升未来岗位所需知识技能的作用。

固定工资、年度弹性奖励和各类津贴都属于短期薪酬激励，长期薪酬激励则包括递延年薪、业绩股票、股票期权等长期回报，要将员工贡献回报与企业长期发展结合在一起。年度弹性奖励与绩效目标直接挂钩，是奖励当前绩效的主要方式。然而，这并不是鼓励高层管理者追求短期效果。由于公司的目标是持续长期的高绩效，对于管理人员绩效的评估，除年度的业绩结果外，还会看其当下的决策和管理行为对企业长期发展的影响或价值。为了达到近期和长期绩效激励的平衡，应对管理层和核心员工进行不同类型的薪资组合，依据其对公司短期和长期增长所做的贡献平衡各项薪酬激励。所以高层管理人员或技术专家的薪资中的很大一部分是要到一定时间后才能兑现的长期薪酬激励。有些公司要求高层管理者必须持有公司股票（以各自的薪酬数量为基数），在实际操作中，管理者或技术专家承担的职责越大，其行为对企业未来影响越深远，其整体薪资中“长期激励”部分的比例也将随之提高。这意味着薪资需要视被激励对象对企业长期目标达成的贡献而定，以使管理人员与股东的利益紧密联系在一起，从而激励高层管理者与技术专家对企业未来持续增值负责。本书的第六篇将对此进行详细介绍。

小结

在物质资源有限的情况下，绝对满足员工的物质需求是不可能的。员工关心自己能获得多少物质奖励，但很多时候他们更关心物质奖励在内部分配时是否体现了公平性。如果员工感受到不公平，物质奖励即使再多也将很难有所激励，所以公平性是物质奖励能否发挥激励效果的基础保障。但是从什么维度衡量能体现公平性，每个人的观点可能是不同的。例如，有的员工认为工作环境越艰险获得的物质奖励就应越高才算公平，有的用工作年限长短衡量，有的用职位的高低衡量等。企业在提倡公平性前需要特别明确从什么维度衡量公平性，让员工知晓并认同企业的立场。

8.2 弹性多样的福利激励

福利分为强制型福利和企业自主型福利。强制型福利企业必须依照相应的法规执行，如社会保险。企业执行强制型福利是对员工负责，也是对社会的诚信，在这一方面节省，不仅有损于企业的形象，而且会给企业带来用工风险。自主型福利是指企业可以自行选择设置的福利。常见的如各类商业保险、补充医疗保险、免费工作餐、健康检查、提供住房、交通费、带薪假期等。单纯给员工每年提升工资的激励方式，其激励力度是逐渐递减的，特别是对职场“白领”“金领”们而言。而个性化的福利激励比工资更能够有效激励他们。好的福利不仅能加强员工对企业的归属感，提高企业雇主品牌形象，也对吸引保留人才起到积极的作用。

【经典案例31】弹性福利对员工的吸引力

宝洁中国曾有一项福利，办公室员工在每周五个工作日中可以任意选择一天在家上班。这种灵活、弹性的工作安排节约了员工因交通拥堵而浪费的时间，使员工兼顾了工作和家庭。此外，宝洁公司致力于为员工营造轻松便利的工作环境，使员工身心舒畅。现代工作节奏异常紧张，员工长期处于高压、单调的工作环境中，容易引发生理和心理疾病。而在宝洁中国的公司大楼里，不仅设有水果商店、运动健身房，还有两间配备专业按摩师的按摩室，员工在工作的时间如果觉得累了随时可以来按摩，费用相当低。知识型员工对于生活品质的要求相对较高。为此，宝洁聘请专业的咨询公司，免费为员工提供心理咨询、投资、法律、婚姻和家庭等方面的指导，员工拨打电话即可获得心理健康、理财、婚育、购房、交友等方面的服务，迅速解决生活难题。宝洁公司还专门为6岁以下孩子的妈妈和刚怀孕的准妈妈们成立了阳光俱乐部，在俱乐部里，她们可以学习如何当一名好家长、如何处理长辈和保姆阿姨的争论、如何看待孩子生病的问题等。虽然如此优厚的福利激励需要付出较高的成本，但和高福利激励相对应的是，宝洁中国的7000多名员工每年都创造了10%以上的增长。宝洁北京技术有限公司中心多次荣获“中国杰出雇主年度奖”称号,《商业周刊》杂志评选其为“最佳职业发展公司”。

宝洁的福利体制对高职位高学历的员工很有激励作用，他们的事业收入都达到了一定的水平，因此更加追求工作与生活的平衡，宝洁在家办公的方式既能保障工作效率也可以使员工节省上班的成本，实现更自由的工作状态。在高强度的工作节奏中，给员工安排能适度休息放松的场所，能帮助员工缓解紧张焦虑的情绪，保持良好的身心状态投入工作。不同的员工所需要的福利有差异，年龄较长的员工可能更希望获得各类医疗保险，年轻人也许更希望有住房支持等。需求差异让更多的公司采用弹性福利机制。针对员工设计个性化的福利项目能让员工感受到企业的关怀，增强员工的归属感和认同感，也能使员工更安心地专注于工作。公司可以根据实际情况、支付能力和员工的需求等因素设计一组弹性福利项目，包括住房补贴、教育资助、商业险、旅游、购车补贴、儿童/父母护理。不同的项目对应不同的福利点数，员工可根据自己已获得的福利点数选择自己需求的福利项目，具体福利点数举例见表8–12。

表8–12 弹性福利项目对应点数表

福利项目	对应福利点数
住房/购车补贴	10000点
儿童/父母护理	1000点

续表

福利项目	对应福利点数		
教育资助	短期培训：500点	长期培训：1000点	
商业险	赔付10万元：2000点	赔付20万元：4000点	赔付30万元：6000点
旅游	短途：500点	国内长途：2000点	国外游：10000点

根据企业内部调查，91.2%的员工认为员工之间享受的福利大小应有差异，其中76.4%员工认为福利的享受与职务/岗位有关；认为与司龄有关的占61.6%；与绩效考核成绩有关的占87.6%。由此公司设计的员工获取福利点数途径包括工资、绩效、司龄、奖罚四个方面。具体换算如下：

（1）工资获取福利点=年基本工资 ×0.05

（2）绩效获取福利点=上年度绩效奖金 ×0.05

（3）司龄获取福利点=司龄 ×50点

（4）公司层级奖励获取福利点=上年度获奖次数 ×1000点

（5）部门内奖励获取福利点=上年度获奖次数 ×200点

（6）公司层级处罚扣除福利点=上年度处罚次数 ×1000点

（7）部门内处罚扣除福利点=上年度处罚次数 ×200点

员工本年度可获取福利点数为以上点数之合。员工可以根据自己获得福利点数多少，选择他需要的福利项目。福利点数可以累计，今年没有使用的可以延至下一年度。弹性福利在企业投入同样的资源时，更有助于提升员工的满意度。

小结

弹性福利作为物质奖励可以满足员工个性化的需求，能提升激励的有效性。另外，不同的物质奖励较难从价值上进行比较，这弱化了员工对公平性的直接感受。

8.3 承载情感的奖品激励

物质激励中更常用的方式是给员工颁发奖品。企业间奖品价值空间差异很大，比如武汉富士康曾给年度具有杰出贡献的员工分房子，在当地产生了很大的关注度和影响力，但也有企业只发一个杯子等价格很低的奖品。奖品本身的价值能让员工感受到奖励的价值，而用心选定的奖品能让员工感受到远超物品价格的价值感。如果这个奖品能使员工有惊喜感并打动员工的心，就能发挥激励员工的作用。

【经典案例 32】 让奖品富含情感

A 企业给优秀员工颁发的奖品同价不同物。每次给优秀员工选奖品时都征询每位优秀员工上级的建议，个性地采购奖品。某位优秀员工一直想养猫，各种原因一直没空去买，他的上级知道他喜欢什么样的猫，就申请买了猫和全套养猫的设备等。员工上级还用猫的语气写了一封祝贺信，一同送给了那位优秀员工。员工对这份“年度优秀员工”的奖品十分意外，很感动他的上级懂他的心并花费时间和精力准备这个礼物。另外一位优秀员工奖励的是按摩椅。这位员工因赶着完成项目，过年也没能回老家看望父母，觉得对父母很歉疚。上级曾听他说过父母平时肩颈腰腿总酸痛，所以请采购部买了按摩椅直接寄至员工父母居住的地方。员工父母很为他们的孩子感到骄傲，员工本人更是感激上级的安排。

奖品本身是有价格的，但若它承载着情感则是无价的。没有几个公司能像富士康一样给员工送房子，但管理者可以多花一些心思了解员工希望获得什么奖品，满足员工的真正需求。通过奖品传递管理者对员工的关注、关爱、认可以及鼓励，给员工惊喜让他们感动，员工会从情感上更认同组织，愿意为组织创造更多的价值。

小结

“礼轻情意重”，在现在物质生活条件比较好的时代，单纯的物质奖励与花了心思并加载了情意的物质奖励在激励效果上可能相去甚远，能让员工惊喜和感动的物质奖励才是更好的奖励。

9 第九章 物质激励的误区

无论是工资、福利还是奖金奖品，物质激励都是企业成本。在满足员工的需求时需要评估企业的支付能力，以及投入所产生的回报是否合适。企业不可能无限制地提升物质激励，而员工对物质的预期却是逐年提高的。简单的物质奖励对员工激励的边际效应是逐年递减的。如果陷入以下几个误区，即使企业支付了高额的钱物也很难形成激励的效果，有时甚至会降低员工的积极性。

9.1 纯物质激励

- **纯物质激励会减弱员工从工作任务完成本身所获得的成就感、愉悦感**

物质激励在激励机制中是对精神激励的重要补充。如果只有物质激励或过分依赖物质激励，企业成本将不断加大，企业承受的压力也将逐年增加。如果外界的物质刺激一旦取消，员工的积极性将大幅减弱。纯物质激励会减弱员工从工作任务完成本身所获得的成就感、愉悦感，也会降低员工对工作任务价值与意义的认同。从长期看，只有物质激励反而瓦解了员工做事的内驱力。

【经典案例 33】 纯物质激励会弱化内心的喜悦

有个退了休的老人希望过清静的日子，可是每天下午4点多钟总会有五六个少年固定在他家院前打闹玩耍多时，吵闹声让他觉得厌烦。为了让少年们不再打扰他，老人告诉了小区物业，物业工作人员出面制止了孩子们的嬉闹，消停了几天。可是几天过后，少年们又再次大声地嬉闹。老人想了个办法，去问少年们在这玩得开心吗？少年们说很开心，这有一片空地可以让他们几个打闹。老人说他一个人生活很孤独，特别喜欢在房间里看着这几个少年玩乐的样子，这让他想起了自己年少的时候。老人又说为感谢他们几个少年，他愿意给每个人五元钱，每天请他们在这里玩1个小时。少年们很开心，比平时嬉闹得更兴奋。3天过后，老人又出来说，抱歉，最近物价涨得厉害，我的退休金不够花了，以后每天给你们2元钱吧。少年们虽然有些不悦，但觉得毕竟还有2元可以赚，也就同意了。又过了5天，老人对少年们说，实在没有多余的钱给你们了。希望少年们每天仍能来这里嬉闹，好让他能看到他们欢乐的样子。少年们很不高兴地说："凭什么让我们白给你表演呢？"此后，这五六个少年再也不来老人院前玩耍了。

为什么那几个少年原来没有人给钱时玩得很开心，而现在从有钱到没有钱时就不愿意玩了呢？因为少年们已经忘记了原本在老人家院前玩要的这件事是给他们自己带来快乐的事情，而不是为了获得几元钱。老人成功地用物质激励将少年们的内在动力（从玩中获得的快乐）转化为了外在激励。当老人取消了物质激励时，少年们立刻不再为老人玩耍。有些管理者正在用老人的方式把原来员工能从工作中获得成就感的内在驱动力转化成外部刺激。给员工布置新的工作时，只谈员工完成这项任务就给加薪加奖金等，会大大降低员工对精神激励的感知力度。员工是有自我实现、获得荣誉、享有尊重等需求的，只让员工看到付出与钱物的直接关系，他就只关注外界的物质刺激，而不能引起员工对工作本身意义与价值的关注，难以激发起他内在的动力因素。纯外在作用的激励力度易迅速递减，激励效果难以持续保持，而且一旦将物质激励撤销，激励效果会变为零，甚至引起员工对此事的负面情绪。当然，员工承担更多职责时需给予员工相应的回报，但那不是管理者谈话的重点。管理者需要了解员工希望在企业中有什么样的发展，如果要实现员工的职业目标，员工需要积累什么样的工作经验、提升哪些工作技能。帮助员工认识到这次新增的任务可以帮助员工获得哪些经验，以及完成这项新任务对团队的价值与意义、对个人的价值与意义。当员工认为新任务是对自己发展有意义的事，他会更看重工作本身，在过程中认真努力，抓住机会为自己的成长进行积累。

9.2 平均化激励

- **平均化的激励方式弱化了激励与组织目标、组织价值观的关联度**

心理学家亚当斯进行大量调查后发现人们对物质回报的满意度不只是看其绝对值而且要进行相对值的比较。通常他们会在与外部同行和内部同事进行比较后判断自己是否受到了公平对待。即使个人刚开始对自己酬劳回报很满意，但当他看到某人和自己的能力、工作量和价值创造差不多，但酬劳高于自己时；或者是看到某人的能力、工作量和价值创造低于自己，但酬劳却和自己一样高时，就可能产生没有被公平对待的感受，从而从刚开始的满意转变为不满意，其情绪和工作态度也将因此受到影响。给员工高薪酬不一定带来高满意度，薪酬的相对公平性比绝对额度更影响员工的满意度。如果企业在薪酬设计与执行中没有体现公平性，即使企业支付了高额的物质成本也无法换来对员工的激励，有时随意给员工加薪反而可能打击团队员工积极性甚至使他们心生怨气，将好事变成坏事。

平均化的激励方式有两种，一种是奖励额度与员工绩效无关，同一层级的员工业绩优秀和业绩普通的奖励一样。有的管理者认为这很合理，因为同工要同酬。管理理念中的同工不是指承担同样的工作，而是指做出同样的贡献，即付出了同等价值的劳动应得到同等的劳动报酬。平均化看似很公平，实际上管理者正在失去绩优员工的心，当他们发现了平均化的管理方式后会更趋向反击和自我保护。反击的方式是向管理者争取公平的回报，如果没有获得就可能离职。自我保护就是让自己的心理平衡，在未来的工作中减少个人时间和精力的投入，减少对组织绩效的贡献度。另一种是奖励额度只与岗位职级大小有关，与岗位贡献度大小无关。发放物质奖励时只考虑岗位职级大小，职位级别高的，即使在某一工作项目中没有承担更多责任和贡献更多价值，但因其职位高，就拿到比低职级的员工更多的奖励。这也会使员工不服气，他们会认为管理者是在压榨员工的创造价值，因而不愿意付出更多的努力。而管理者也会养成官僚作风，认为做管理者不用干活也应拿到高额的奖励，可能会失去做事的动力和压力。

【经典案例 34】 平均主义的物质分配打击真正有贡献的人员

有个煤矿是一个年产 120 万吨原煤的中型矿井。该矿现有职工 4000 多人，其中管理干部近 400 人，某年全矿职工在矿井领导的带领下，团结一心，努力奋斗，取得了生产和安全的大丰收（特别是在安全方面，百万吨生产死亡率不到 2%），上级主管部门下拨 300 万元奖金，奖励该矿在安全与生产中做出贡献的广大干部和职工。矿长、副矿长、财务科长、人事科长和相关科室的领导开会讨论如何分配奖金时，矿长说："管理者不仅需要对自己负责，还要对员工负责，所以奖金要倾斜，但也要照顾到各方面各层级人员。我和财务科长拟了一个方案。奖励分为 5 级，矿长 10000 元、副矿长 8000 元、各科长 5000 元、每位普通管理者 2000 元、每位工人 100 元。大家商量一下。"有人提到每位工人 100 元，会影响积极性吧。安全科长提出，自己每天下矿而有些管理者从来不用去那么危险的地方，奖励也一样呢。大家的争议并没有改变奖金分配方案。奖金发下后全矿显得风平浪静，但几天后矿里的安全事故就接连不断发生，而且不断升级。矿长急了，找人调查原因，工人最终说出心里话："我们拿的安全奖少，没那份安全责任，干部拿的奖金多，让他们干吧"。还有一些工人说："故意制造出些小事故，就是为了不让当官的拿安全奖。"显然煤矿的安全奖励方案使原本高效积极的工作氛围变成了消极怠工和抱怨。

平均化的激励方式弱化了激励与组织目标、组织价值观的关联度。当所有同级员工拿到的奖金一样时，员工看不清是什么决定奖励额度，通常就会在自己心中形成一个评判标准。而这个标准常常是站在对自己最有利的基础上形成的。如上文案例一样，职务高的人会希望按层级高级决定奖金高低；常常下矿井的人员会希望按工作危险度确定奖金比例；矿厂的老员工则希望按照厂龄的长短进行奖励分配等。当组织没有建立清晰评估标准并积极向员工进行宣传，没有引导员工认同组织的价值观判断标准时，员工心中便只坚守自己的标准，一旦员工发现不是按自己的标准执行，而又没有更合理的说法时，自然会认为奖励方案不公平，接下来就会产生沮丧愤怒的情绪和消极对抗的行为。

【经典案例35】 物质奖励怎能无标准

有个研发项目经理，在给他的项目成员分配项目奖金时很困扰，因为事前没有和项目成员达成奖金评估的标准，他不知道如何分配，又希望团队中每位成员都满意。他认为张三近几周的工作很辛苦，要鼓鼓劲，多加一点；李四上周提出薪水太低了，可能会流失，这次多给一些；王五上有老下有小，家庭特别困难需要支持，可以多分些；小张最近的进步很大，肯定需要多给些……犹豫之下，在公司限定的最后时间他也没有拿出合理的分配方案。在他看来每位员工都有加分项，所以项目团队成员又几乎是平均拿奖金。结果项目的核心骨干张三提出退出项目团队；老员工李四时常抱怨，向团队传递负面情绪；王五的工作效率也并没有提升，仍旧需要其他成员分担本应由他承担的工作。研发项目经理感觉疲惫，项目任务也很难推动，团队的工作士气低迷。

较多的管理者更关注把事情做好，他们在任务管理上确实做得不错，但在人员管理上他们不愿意花太多心思，分配奖金时简单地凭着自己对员工的主观感觉确定员工的奖励额度。管理者原是想省心省事，所以既不设置清晰的颁奖标准，也不和员工沟通，传递自己的奖惩原则。但实际上，在这个步骤节省了管理投入，就会引发后续一系列的管理问题，使得管理者不得不抽出更多的精力灭火。这时，即使管理者加大管理投入也未必能获得理想的效果，还不如在奖励设计初期加入管理精力，事先筹划妥当。采用平均化激励方式，企业可能投入更多钱物，但有时效果还不如不激励。平均化激励的方式也反映出一个管理者的管理职责缺失或管理能力不足，需要引起更高层级的管理者注意。

9.3 过度激励

- **人们可能为了得到高额奖励铤而走险**

合适的激励能够激发员工的积极性和创造潜力，让员工收获高额钱物奖励的同时组织也能有高绩效的回报。但过度激励会让员工做出有损自己健康的行为，正如新闻多次报道员工过劳死的事件。过度激励会对人们产生很强的吸引力，增加人们赢得目标的欲望，从而引发人们患得患失的心理，使之产生焦虑、紧张等不良情绪。过度激励激起的强烈欲望也会促使人们透支体力和智力以达成既定目标，获得高额回报。持续处在这样的高亢奋状态下，人们的身心很难保持健康，这不仅对员工个人是极大的损害，对于组织的长期绩效回报也是一种损失。另外，人们可能为了得到高额奖励铤而走险，采取不正当的方式实现高绩效，骗取高额奖励，导致恶性竞争、行业潜规则等现象不断出现，损害组织的利益，甚至危及企业运营安全。

【经典案例 36】 因高额奖励而迷失

安然公司曾是一家位于美国得克萨斯州休斯敦市的能源类公司。安然曾拥有约 21000 名雇员，是世界上最大的电力、天然气以及电讯公司之一，2000 年披露的营业额达 1010 亿美元之巨。公司连续六年被《财富》杂志评选为“美国最具创新精神公司”。然而这个拥有上千亿资产的公司却在 2002 年几周内破产。媒体爆出了安然高层管理人员持续多年精心策划的财务造假丑闻。高额的股票期权激励使得高管层有了造假的动机。股票期权使一些公司的管理者在几年内成为亿万富翁。强烈的物质刺激，使一些人不顾一切地炒作股市，把公司变成个人的财源。为了从公司股票的升值上获利，一些公司的管理者运用包括财务造假在内各种方法，制造“题材”，创造虚假利润，抬高股价。安然的管理层甚至把坚持职业操守的人视为保守派，很快将其“清理”出去。他们完全忽视公司的正常运营成长，更没有为企业长远发展进行考虑，直至丑闻揭露后导致公司灭亡。董事会衡量管理层是否成功的唯一尺度是利润。所以制定了高赢利换取高报酬、高奖金、高期权的激励方案。这一过度激励方案也是安然走向破产的重要推动力。

过度激励的另一种形式是让员工获得的奖励高于其创造的价值。有些企业在效益好的时候给员工发各种奖励或福利。这些奖励额度远高于员工创造的工作价值。当员工习惯用低工作产出换取高物质回报时，员工会不愿意承担高挑战高价值的工作。因为现在安逸的工作节奏或工作要求已经能满足他个人的物质需求。当企业遭遇行业紧缩，需要员工付出更多的努力创造更大价值才能得到之前轻松可得的回报时，员工就可能明显不适应，认为自己的额外付出没有得到公正的回报，进而产生不满情绪。过度激励还易存在于上市企业的高层管理人员中，他们手中拥有原始股或股票期权，如果股份额度较大变现后能满足自己财富自由的标准，很有可能在工作上的投入度就不会像企业初创时期那样动力十足。当这些高端核心人才不愿为企业发展继续奋斗打拼时，企业将会面临严重的损失。

9.4 错时激励

- **把握好激励时机犹如“雪中送炭”，错过了激励时机好比“雨后送伞”**

激励也需要在合适的时间进行。应在员工取得绩优结果的当月进行奖励，而不要延期。等待的时间长了，奖励效果不但会打折，还可能引发员工猜测与负面情绪。因为在事情发生的当下，员工对认可、信任、荣誉等内在精神需求是最强烈的，对情感的感知度也是最强烈的。

【经典案例 37】 及时奖励效果更强

美国一家名为福克斯波罗的公司，专门生产精密仪器设备等高技术产品。创业初期，公司在技术改造上碰到了难题，如果这个难题不能攻克，企业将面临生存危机。有天晚上正当公司总裁为此事犯愁时，一位科学家闯进其办公室阐述他的解决方案。总裁听后，觉得科学家的解决思路有效可行，完全能解决技术难题，特别想即刻嘉奖对方。他在抽屉里翻找了好一阵，只找到一根香蕉。总裁躬身递给科学家：“请您收下这个。”这是总裁唯一能找到的奖品了。科学家被总裁的真挚感情感动，这一瞬间在十几年后依旧历历在目。从此以后，该公司授予攻克重大技术难题的技术人员一枚纯金的香蕉别针。

对员工的赞扬可以随时进行，不必等到月度或季度进行正式绩效反馈时才去回顾，表达认可度。有时即时的一封邮件、一条短信，一个便条或直接口头表达都可能令员工备受鼓舞。笔者从事人力资源工作初期曾代表营销公司向集团高管汇报薪酬设计方案。因会前做了大量的准备工作，面对集团高管们的各类问题均给予了良好的答复，会议取得了超预期的效果。上午的汇报结束后，所有集团高管们都直接散会去吃午餐，笔者收拾好电脑走出会议室时却发现营销公司的总经理一直在门口等着，见笔者出来后满脸兴奋用手中的文件夹轻敲了一下笔者的头说："讲得很不错，走，请你吃饭。"一向严肃的总经理此刻毫不掩饰喜悦之情，让笔者感受到他因有笔者这样的下属而深感骄傲。当时获得的成就感与价值感让笔者在十多年后的今天依旧清晰难忘。

及时激励也不是只在员工展现出绩优结果时给予，还可以在员工做事前或事中给予激励，特别是员工出现明显情绪起伏的时候，管理者如果能及时捕捉到这些信息给员工精神上的支持，这将产生很强的激励效果。很喜欢《勇敢的心》这部电影，里面有很多经典台词震撼人心，鼓舞士气，值得管理者认真体会。

【经典案例 38】 及时激励人心

《勇敢的心》是一部悲壮的、融合血泪传奇的史诗片。影片根据 13 世纪末发生在苏格兰的真实事件改编而成。故事主人公威廉·华莱士，不但确有其人，他的英勇事迹更使得他成为苏格兰的民族英雄。有一段场景，主人公所在大军眼看抵挡不住敌人的攻势，有很多战士想要逃跑或投降，主人公敏锐地观察出战士畏惧想逃脱的心态，及时站出来喊道："你们是以自由之身来参加战斗的，你们是自由的人，没有自由你们会怎么办？你们还会战斗吗？（士兵声音：我们会逃命！）是的，如果战斗，你们可能会死；如果逃跑，至少能多活一会儿，年复一年，直到寿终正寝，你们愿不愿意，用这么多苟活的日子，去换一个机会，就一个机会，回到这里，告诉我们的敌人，他们也许能夺走我们的生命，但他们永远夺不走我们的自由！"这段话赋予了战士们很大的能量，让他们再次想清楚为什么而战，本打算退缩的战士又重新振奋顽强回击。

在管理当中，当员工遇到挑战或困难时也可能有想逃避的情绪，管理者如果能观察到并及时沟通，让员工看到这件事的意义，就有可能激发起他们的责任感，再次燃起斗志。当员工努力了很久但仍旧没有取得明显的进展，心情沮丧或忐忑时，管理者如果能及时表达尊重和鼓励，让员工看到上级对自己的信任，有可能让他放下包袱，再次拼尽全力。当员工出错时充满内疚、士气低落，管理者如果能及时表达对员工的理解与期待，就可能让员工找回自信，激发起他再一次成功的欲望。管理者需要及时关注员工状态，抓住这样的关键场景，创造自己的“经典台词”，打动员工的心，赋予他们能量。

处在不同的工作环境或时代的员工所需要的激励一定是不同的。例如，海尔公司在 1984 年时，几乎面临倒闭，张瑞敏接手后，先进行的并不是大规模的改革，而是到各处奔波借钱，为每一位员工发工资、发福利（五斤刀鱼），这是自工厂亏损以来工人们拿到的第一笔工资加福利，使海尔的工人过了一个幸福的年，从此工人们愿意为工厂尽自己最大的力量，最终让海尔起死回生，从此开启了发展之路。张瑞敏当时用五斤刀鱼就可以换来工人的真心，愿意尽最大能力支持公司的发展。但现在如果海尔保持“传统”每年春节都给所有员工发五斤刀鱼，估计很难再获得当时激励人心的效果。要在员工内心最渴望的时候给予激励，或在其最需要的时候给予支持，把握好激励的时机犹如“雪中送炭”，错过了激励的时机好比“雨后送伞”，前者一定更能让人感受深刻，铭记于心。

小结

物质激励也是一门管理艺术，用很少资源也有可能塑造出精品，用很多资源时也可能将好事变成坏事，将激励变成挫败。制定奖励制度时要让员工清晰且认同企业的奖励原则，决策奖励时要公开、严格、谨慎，执行奖励时要及时且富有情意。

第六篇

股权激励——让员工与公司命运共舞

【主要内容】

- 常见的上市公司股权激励有几种?
- 股权激励设计中的“七定法”是什么?
- 在股权激励实施中需要关注哪三个维度?

运用股权激励，实现企业与员工齐赢

股权激励作为长期激励的重要工具，能更好地将员工收益与企业发展紧密捆绑，实现企业与员工共赢的局面。员工获得高收益的前提是通过发挥个人才能为企业创造价值，实现企业的短、中、长期业绩目标。企业目标实现后将按股权激励计划回报员工高额的奖励。股权激励计划有激发现有员工工作动力的目的，同时也是吸引和保留企业所需高端管理和技术人才的方式。近几年采用股权激励的方式对骨干人员进行长期激励的国内企业越来越多。据 2015 年《财富》杂志报道，世界 500 强中有 85% 的企业采用了股权激励方式，中国上市企业中有 800 多家公司公布股权激励计划达 1110 个，其中有 200 多家公司推出两个或两个以上的股权激励计划。世界上最大的股票期权激励机制的使用者之一微软，从 1995 年开始公司为董事、管理者和员工订立了股权激励计划。普通员工购买股份可以享受 15% 的优惠，高级管理人员和专业人员可以享受更大幅度的优惠。微软公司职员的主要经济来源并不是薪水，而是股票升值带来的收益。微软在设计薪酬结构时将短期薪酬比竞争对手定得更低，给员工的股票份额却比竞争对手高出很多，是“低工资高股份”的代表。在全球 IT 企业人才竞争激烈的时期，微软运用股权激励的方式吸引并保留了大量的行业精英，提升了其核心竞争力，让其在行业中持续领先。

10 第十章 常见的上市公司股权激励

10.1 业绩股票

业绩股票是股权激励的一种典型模式，它是指在年初确定一个有挑战的业绩目标，如果激励对象到年底时达到预定的目标，公司就授予其一定数量的股票或提取一定的奖励基金为其购买公司股票。业绩股票的流通变现通常有时间和数量限制。在以后若干年中，激励对象业绩考核通过后即可以获准兑现规定比例的业绩股票，如果未能通过业绩考核或出现有损公司的行为、非正常离任等情况则其未兑现部分的业绩股票将被取消。

业绩股票激励有以下优势。首先，对于激励对象而言，只要其业绩达到约定标准就可以享受到激励，与当期的股市风险相关度低。同时激励对象最终获得的收益，又与股价有一定的关系，能从资本市场的放大中获益，对员工激励力度大。此外，与限制性股票比，员工个人无须出钱购买，这就降低了员工前期的经济压力。其次，对于企业而言，激励对象的工作绩效与所获激励之间的联系是直接而紧密的，有严格的业绩目标约束，权、责、利的对称性较好，激励对象享受到业绩股票的同时，也有助于企业实现业绩目标。而不会让企业前期投入的大量人工成本付诸东流。最后，业绩股票激励模式所受的政策限制较少，一般只要公司股东大会通过即可实施。方案的可操作性也强，能够灵活地满足对核心员工进行长期激励的目的。最后，业绩股票激励模式只对公司的业绩目标进行考核，不要求股价的上涨，因此比较适合业绩稳定型的上市公司。

业绩股票激励实施前要对业绩目标进行科学、精准的设定。过多定性的业绩目标可能会在年底评估时造成认知的不一致，使得激励计划难以实施，或者造成企业和激励对象某一方不满，实施结果与激励计划初衷相背离。另外，业绩股票主要从上市公司超额业绩中提取激励基金，在二级市场购买公司股票奖励给核心员工，体现了业绩增长和激励性的特点，所以要求企业现金流充足。业绩股票激励计划实施前企业要进行充分的现金流评估以确保可行性。

业绩股票通常与其他股票激励计划联合使用，激励的重点在于对企业业绩有直接影响的关键人员。例如，企业新招了销售副总，销售副总的薪酬设计可以是相对低的固定工资，中等水平的当期奖金和较高额度的业绩股票。当销售副总实现了企业制定高挑战性的业绩目标时，年底就可以考虑给他和他的团队一定的业绩股票的奖励。

10.2 股票期权

股票期权计划是股权激励另一种常见模式，股票期权就是公司给予其经营者在一定的期限内按照某个既定的价格购买一定公司股票的权利。公司给予其经营者的既不是现金报酬，也不是股票本身，而是一种权利，经营者可以以某种优惠条件购买公司股票。当公司的市场价值上升的时候，享有股票期权的人方能得益。股票期权也是一种权利，而不是义务，激励对象可以根据情况决定是否购买，这种权利是公司无偿赠送给激励对象的。处于成长期的企业无法及时拿出大量的现金激励员工，而通过发行股票期权这种方式，既可降低企业当期的激励成本，又可实现激励员工的目的。所以股票期权激励计划适合快速成长的企业，其在市场估值增值很快，激励对象能从高增值部分获得激励回报。当然企业在设计此项激励计划时要对未来股票的价格有所预判，使股票期权真正发挥长期激励的效果。

10.3 限制性股票

限制性股票是指上市公司按照预先确定的条件向激励对象出售一定数量的公司股票，激励对象只有在工作年限或业绩目标符合规定条件后，才可出售股票并从中获益。如果无法达到解锁条件，那么上市公司将对股票进行回购，并且注销。从上市公司公布的股权激励方案来看，限制性股票与股票期权占比趋于接近，成为更主流的股权激励模式。一般来说，限制性股票激励适用于成熟型企业，在服务期限和业绩上对激励对象有较强的约束。通过采用限制性股票激励方式，使高级管理人员和员工能够将自身收益与公司的长期战略目标结合起来，从而实现企业的持续发展。

股票期权和限制性股票区别在于授予价格的不同。股票期权的授予价格通常不低于激励草案公布前一个交易日股票收盘价和草案公布前30个交易日股票平均价格中的较高者；而限制性股票的授予价格则是不低于草案公布前20个交易日股票平均价格的50%，在实际操作过程中，执行价格多位于平均价格的60%—80%之间。对于股价已较高的上市企业，如果采用股票期权的方式，那么行权之时激励对象获利空间可能会很小，激励的效果不明显，而限制性股票因其较低的授予价格能够给激励对象更大的收益空间。但是，由于股票期权激励对象拥有选择权，当行权时股价、激励对象无利益可获时，他们可以选择放弃行权，激励对象不会承担因股价引起的损失。激励对象在行权前离职通常不能享受本次激励计划，也不会因此受到损失。而限制性股票的激励对象在获配股票时就需要支付至少50%股值的价格购买该股票，而且在解锁前不能抛售股票。如果解锁时股价已低于买入价格，激励对象需要承担对应的损失或者“套牢”。当激励对象离职时，将不能再享受未解锁部分的权益，通常由公司回购并返还激励对象对应数额的本金，该激励对象将损失这部分本金所产生的利息。正是因为限制性股票方式是高回报高风险，才能够将激励对象和上市公司更紧密地绑在一起。由于限制性股票要求激励对象一次性拿出一大笔钱，不是每个人都能够承受的，现在很多上市公司选择两者并存的方式，使得具有不同风险承受能力和财产能力的激励对象皆能受益。

小结

常见的三种股权激励方式，给员工带来的风险不同，使员工获益的程度也不同。企业设计股权激励方式时不仅要考虑企业成长性的趋势，也需要考虑对员工的激励效果。

11 第十一章 上市公司股权激励设计与实施

11.1 设计中的“七定法”

“一定”业绩目标。股权激励是为了激励员工实现企业的长期目标和短期目标，特别是关注企业的长期发展和战略目标的实现。因此企业在进行股权激励之前应首先依据长期战略目标确定出股权激励周期的阶段性目标，对阶段性目标进行年度分解和业绩指标分解。其次对业绩指标的价值性和可实现性进行评估，确定企业业绩标准。最后对激励员工岗位职能职责进行判断，确定激励对象个人业绩标准。只有建立从战略到股权激励再到业绩实现的完整链条，才能使股权激励真正成为推动企业战略的管理工具，实现企业与激励对象的双赢。

《上市公司股权激励管理办法》第十一条对企业应在具体实施股权激励时设定什么业绩考核指标有所规定：“绩效考核指标应当包括公司业绩指标和激励对象个人绩效指标。相关指标应当客观公开、清晰透明，符合公司的实际情况，有利于促进公司竞争力的提升。上市公司可以用公司历史业绩或同行业标杆作为公司业绩指标对照依据，以同行业标杆作为对照依据的，选取的对照公司应不少于 3 家。公司选取的业绩指标可以包括净资产收益率、每股收益、每股分红等能够反映股东回报和公司价值创造的综合性指标，以及净利润增长率、主营业务收入增长率等能够反映公司盈利能力和市场价值的成长性指标。激励对象个人绩效指标由上市公司自行确定。上市公司应当在公告股权激励计划草案的同时披露所设定指标的科学性和合理性。”

企业在设定公司业绩目标时需将相关指标与行业数据进行对比分析，通常应设定高于行业同类公司的平均数值，这样既能满足董事会对企业长期发展的要求，也向股东们表达企业对未来前景的信心，更对运营班子提出有挑战性的目标。当公司实现承诺的业绩指标时，股权激励计划才可能实施。当被激励对象个人绩效指标通过后，个人方能有资格收益股权激励计划。有的企业在设定业绩指标时采用“一致性”方式，即公司业绩指标与被激励对象绩效指标一致，如某大型软件公司五年战略目标是成为亚洲最大、全球第一的移动商务服务提供商，进入全球管理软件企业一线品牌。其股权计划中设定的公司业绩目标为上一年度扣除非经常性损益净利润加权平均净资产收益率不低于10%。企业向高管层下达的财务指标与之相同。另一些企业采用“宽进严出”的方式，即高管层的绩效指标高于企业对外宣布的公司业绩指标。企业完全有权自行决定被激励对象个人业绩指标。股权激励的初衷是调动起管理层和核心员工的积极性，共同创造和分享企业增值的回报。公司业绩目标应定得相对保守，让大部分被激励对象有信心和动力实现相对有挑战的目标，实现对员工的激励作用。对于高层管理人员可以设定更高挑战的绩效目标，因为他们是整个公司战略决策和日常运营的关键，只有让他们竭尽全力向高目标冲刺，方能带领整个公司创造出卓越的业绩。

管理层作为被激励对象，其个人绩效目标通常采用平衡记分卡的方式设定，即包括财务类指标（与公司业绩指标相同或较高于公司业绩指标）、客户类指标、运营管理类指标和学习成长类指标。董事会需要关注企业长、短期业绩目标是否能实现，更需要关注企业可持续发展的实力。平衡记分卡是分解战略目标的一种有效工具，平衡计分卡反映了财务与非财务衡量方法之间的平衡，长期目标与短期目标之间的平衡，外部和内部的平衡，结果和过程的平衡，管理业绩和经营业绩的平衡等多个方面，综合反映出组织各维度的综合经营状况和企业是否能持续长期良性地成长。

“二定”股票来源。公司可以通过什么方法让员工持有公司的股权？国外股票期权的来源主要有三种途径：库存股、定向增发和二级市场回购。中国的公司不允许存在库存股，只有二级市场回购和定向增发两种方式。上市公司由于受公司法约束，不能通过回购本公司股票的形式实现股权激励。二级市场回购多以自己公司的某个机构代表授权者购买股票，或委托外面的基金公司进行代购股票。如光明乳业上市之后，根据董事会决议，并经股东大会通过，从税后利润中计提管理层奖励基金，在股票二级市场购入本公司流通股股票奖励给公司管理层。企业定向增发作为本公司股权激励计划的股票来源需经证券监督管理部门同意才可以向激励对象直接增发新股。绝大部分上市公司采用定向增发的方式解决股票来源。

“三定”股权数量。《上市公司股权激励管理办法》规定：“上市公司全部有效的股权激励计划所涉及的标的股票总数累计不得超过公司股本总额的10%。非经股东大会特别决议批准，任何一名激励对象通过全部有效的股权激励计划获授的本公司股票累计不得超过公司股本总额的 1%”，93% 的上市公司披露的股权激励总量都在 5% 及以下，股权激励总量在 3% 及以下的占到了 71.3%。个人平均数量大部分在 0.05% 以下。

在设计股权激励计划时需要测算股权数的总体量和个人量。企业在确定股票总量时，首先要符合管理办法，其次，考虑相关费用是否能在当期消化，是否影响股权激励计划公司业绩指标的达成。还有，越来越多的企业采用“小步快跑”的方式设计长期激励计划。所谓“小步”，是指每次的股权激励股票总量不高，分至每位被激励对象的个人量也不太高。由于股权激励会产生管理费用，首次激励总量需同时考虑公司近年净利润达成情况，一般年度摊销费用宜控制在净利润的 10%—20% 以内；所谓“快跑”，是指企业实施股权激励计划的频次提高，原来可能是隔三年或到前一轮的长期激励计划完结再发起新的一期，现在是每年都发起新一期的激励计划，被激励对象有可能在当年有多期激励计划叠加收益。“小步快跑”能降低企业的财务压力，同时，能更长期地将被激励对象与企业发展连接在一起，不会因一次高额的解锁而使被激励对象实现“财务自由”选择离职。另外，每年一期股权激励计划对新加入的高端人才有很强的吸引力，对新进人才有很大的激励效果。

在确定被激励对象个体股票量时，首先，考虑个体股票量的多少与什么因素相关。有的企业将个体股票量与岗位职级、业绩、工龄等因素相联系。综合来看，通常从三个方面来评估个体应获得多少股票量，第一是历史贡献，第二是未来价值创造，第三是个体当下的薪酬。设计长期激励计划既要认可和回报员工过往为企业打拼做出的贡献，又不能让员工躺在“功劳簿”上，需要与其未来价值创造紧密联系，结合其当下的收入水平，给予的股票量还需对员工有吸引力和激励力度。其次，制定个体股票量时，需确定被激励对象分为几个层级。依据前面提到的三个维度，根据被激励对象的人数可以将其分为4—9个层级，第一优先级的是那些历史贡献高，未来价值创造也将高的人群。他们通常是伴随着企业发展成长起来的骨干，年富力强，目前肩负着重要的职责，所以要向这类人群倾斜，预计其长期激励获得的年度收益超过其年度正常薪酬水平的3倍以上，以促使他们在未来持续地为公司创造价值。第二优先级的是企业的“新秀”，新加盟公司的重量级人才，与上一个层级一样肩负着重要的职责，是企业未来发展的重要资源。通过长期激励将他们自身发展与企业未来目标紧密绑定，以增加其归属感与稳定性。通常年度长期激励收益高于“新秀”正常年薪2倍以上。其他层级的被激励对象个体股票量依次类推。最后，依据人数和个体量推算是否突破了总量，再进行多次的微调整，以确定最终的总量和个量。

每期股权激励计划都应该有预留量，预留部分可以用来授予新加入的高端人才，也可以奖励年度做出杰出贡献的在职员工，或者用于调整和补充激励计划初期未考虑充分的人员等。依据管理办法，预留比例不得超过本次股权激励计划拟授予权益数量的20%。上市公司应当在股权激励计划经股东大会审议通过后12个月内明确预留权益的授予对象；超过12个月未明确激励对象的，预留权益失效。

“四定”被激励对象人数和具体人员。管理办法中规定激励对象可包括董事、高级管理人员、核心技术（业务）人员，不应当包括独立董事和监事，激励对象不能同时参加两个或两个以上上市公司的股权激励计划；持股5%以上的主要股东或实际控制人原则上不得成为激励对象。除非经股东大会表决通过，且股东大会对该事项进行投票表决时，否则关联股东须回避表决。可以被激励的对象人数依据前面已定总量和个量，各层级的人数已大体确定，这个环节的重点是评估所有人员，选出企业希望激励的对象，将他们列入对应层级。可以自下而上，先由员工的上级依据公司所确定的标准进行提名，逐级评估，再由人力资源部依据岗位职级进行横向平衡，最后交由公司上层领导评审确定。也有的公司采用自上而下，由人力资源部门依据入选原则先筛选出符合条件的员工，由公司上层领导审评，再交各业务一把手进行微调。不论哪种方式都需要公平、公正的评估。如果没有可以令人信服的评估依据和结果，就可能在股权激励计划之初即失去激励效果，更糟糕的情况可能是破坏了集体原有的工作积极性，使得激励计划完全失败。

“五定”股权激励的时期。股票期权与限制性股票在时期规定上有些差异。股票期权通常涉及有效期、等待期、窗口期和禁售期。

有效期是指从授予时间起算，股票期权可以执行的期间，即股票期权的寿命期间。一般而言，股票期权的有效期越长，受益人从中获得的收益就越大，因为随着时间的推移，股票通常会增值。

等待期是指期权可以执行之前需要等待的时间。公司决定等待期时可以选择一次性等待期，即受益人所持有的股票期权在某日的某个时间一次全部获得执行权利，或在等待期内按权重让受益人获得执行权利。也可以执行业绩等待期制度，即当公司达到某一个具体业绩目标时，受益人所有的股票期权就可以全部执行。

窗口期是指受益人选择行权的具体时机，它与股票期权的等待期、有效期紧密联系在一起。

禁售期又称“强制持有期”，是指行权人在行权后必须在一定时期内持有该股票，不得转让、出售。禁售期的设定主要是为了防止行权人进行以损害公司利益为代价的短期套利行为。

限制性股票主要涉及的是授予日、锁定期和解锁期。授予日是指公司根据经过股东大会的《限制性股票股权激励计划》，在达到计划要求的授予条件时，实际授予公司员工限制性股票的日期。锁定期是指公司员工取得限制性股票后不得通过二级市场或其他方式进行转让的期限。根据我国《上市公司股权激励管理办法（试行）》的规定，限制性股票自授予日起，禁售期不得少于 1 年。解锁期是指在锁定期结束后，如果公司业绩满足计划规定的条件，员工取得的限制性股票可以按计划分期解锁。公司通常选择 3 年分期解锁，解锁权重可自定，解锁后员工的股票就可以在二级市场自由出售。

“六定”行权价格。行权价格是股权激励发挥作用的首要前提。股价上升空间影响被激励对象的收益，管理办法规定，行权价格不应低于下列价格中的较高者：1. 股权激励计划草案摘要公布前1个交易日的公司标的股票收盘价；2. 股权激励计划草案摘要公布前30个交易日内的公司标的股票平均收盘价。《备忘录1号》规定限制性股票发行价格不低于定价基准日前20个交易日公司股票均价的50%。从实际操作上看，行权价格在遵守法规要求之外，还需要考虑股票价格的走向趋势，选择合适的时机，以及考虑激励对象的承受能力等因素。

“七定”资金来源。管理办法明确规定，上市公司不得为激励对象以股权激励计划获取有关权益提供贷款以及其他任何形式的财务资助，包括为其贷款提供担保；商业银行同样也不得向居民提供贷款用于购买股票。被激励对象行权资金的压力如果不能得到有效解决，就会影响激励计划的吸引力和激励性，有部分激励对象因此可能会放弃参与激励计划。通常企业采用被激励对象自筹资金的方式，也有些企业设置奖励基金，资金从净利润中提取，但这需要股东大会同意。也有一些公司将资金委托给信托公司，并指定资金专门用于购买公司股票，并设定公司与激励对象为共同受益人。信托生效后，信托公司成为目标公司名义上的股东，行使股东权利，并获得股东收益。在扣除相关的费用和报酬后，信托公司将股东收益按事先的约定比例和条件分别支付给公司和激励对象。

小结

在长期激励方案的设计中通常需要考虑这七个方面，但影响这七个方面因素很多，企业的目的不同则选择因素也不同，各企业千差万别。在设计时要充分与相关管理层沟通，明确长期激励的目的和希望实现的效果，而不仅是依照上文中的步骤进行设计实施。

11.2 实施中的“三维度”

股权激励在实施时需要考虑的第一个维度是建立管理体系。

拥有配套的管理体系才能保障股权激励计划实现其设立的初衷。在做股权激励计划之前，需要先建立职级管理体系。它的目的是明确各岗位职责和岗位价值衡量。职级管理体系是依据工作分析和岗位评估等方法确定企业各类岗位在组织中的相对贡献度，不同职类的岗位之间也需要有横向的评估比较，如销售经理与研发的研究员在岗位价值上如何排序等，明确哪些岗位在企业长期发展中占据重要地位。岗位价值越高，对公司绩效影响越显著，设计激励计划时在激励力度上就越会对这些岗位有所倾向，所以职级管理体系是股权激励计划合理实施的基础。

股权激励计划形成的长期收益将成为被激励对象薪酬中的一个重要组成部分。在设计股权激励计划时，应当对原有的薪酬政策和薪酬结构进行重新审视，必要时做出调整，建立新的薪酬管理体系，实现股权激励计划的目标，是为了实现对人才的吸引和保留。所以在设计之前需要对行业薪酬数据进行调查，了解如果企业要在外部人才竞争中获得一定的优势地位，企业的薪酬占位水平需要达到什么程度，各职类职级的员工的薪酬水平应预计到多少。另外，需要进行各种测算以确定薪酬结构中短期激励（固定工资和年度弹性奖金）与长期激励的比例关系。既要合理保障员工对短期激励的刚性需求，又要使股权激励对被激励对象有较强的吸引力，还要考虑企业承受力和避免过度激励。通常，基层核心员工的固定工资、弹性奖金和长期激励的比例关系是6∶2∶2，中层为4∶3∶3，高层长期激励的部分加大，通常是2∶2∶6，有的公司甚至是2∶1∶7的薪酬结构。

不同的职类在同一层级也会有差异，具体的比例要与企业的薪酬文化相匹配。更灵活的企业采用同一层级设置不同的薪酬结构让员工自由选择。某上市公司在做股权激励前，设计两类薪酬结构以满足不同员工的激励需求。第一类是低固定工资加高长期激励，即员工将原有的固定工资中的一部分转换成股权。公司鼓励员工选择第一类薪酬结构，因为这样选择的员工对公司的未来更有信心，而且也愿意与公司一起共担未知的风险，将自己的个人收益与企业未来的发展紧密结合。对选择第一类薪酬结构的员工，公司在其未来行权时会有一定的资金支持。第二类是高固定工资加低长期激励，即员工选择不降低原固定工资，公司授予其比第一类人员低的股权，未来行权时也没有资金支持。

在股权激励计划实施前需要公示公司当期股权激励计划实施考核管理办法，内容包括公司业绩目标、个体业绩目标和绩效评估和结果运用。但这个管理办法是粗放的，除公司业绩指标是定量、明确的以外，被激励对象个人具体的绩效指标并不能体现。企业做股权激励计划的核心目的之一就是要实现企业当期战略目标。真正可操作的绩效管理体系在实施股权激励计划中起着非常关键的作用。首先，战略目标需要解码成一个短期任务目标，拆解过程中要确保各个任务目标的一致性和关联性。其次，各个任务目标要与相关部门和人员的绩效考核指标紧密挂钩，以确保被激励对象在完成其绩效指标时即实现企业当期战略目标。所以严谨科学的绩效指标设计和考核评估管理是实现股权激励目的的保障。

除上述支持股权激励计划的管理体系外，还需要实施股权激励相关规定。比如，需要约定公司发生变动如何处理，特别是被激励对象个人情况发生变化时如何处理。

【经典案例 39】 限制性股权激励计划的约定

某公司在做限制性股票时做出了很细致的约定。如果激励对象发生职务变更，但仍在公司内，或在公司下属分、子公司内任职的，其获授的限制性股票完全按照职务变更前本计划规定的程序进行。但是，激励对象因不能胜任岗位工作、触犯法律、违反执业道德、泄露公司机密、失职或渎职等行为损害公司利益或声誉而导致的职务变更，或因前列原因导致公司解除与激励对象劳动关系的，董事会可以根据本计划在情况发生之日，决定不得解锁对激励对象已获授但尚未解锁的限制性股票，而由公司按照限制性股票授予价格予以回购注销。

当激励对象因辞职、公司裁员而离职，在情况发生之日，对激励对象已获授但尚未解锁的限制性股票不得解锁，由公司按照限制性股票授予价格回购注销。

当激励对象因退休而离职，其已获授但尚未解锁的限制性股票不得解锁，由公司回购注销。

当激励对象因丧失劳动能力而离职，应分以下两种情况处理：

（1）当激励对象因工伤丧失劳动能力而离职时，其获授的限制性股票将完全按照丧失劳动能力前本计划规定的程序进行，且董事会可以决定其个人绩效考核条件不再纳入解锁条件；

（2）当激励对象非因工伤丧失劳动能力而离职时，董事会可以决定对激励对象根据本计划已获授但尚未解锁的限制性股票不得解锁，并由公司回购注销。

若激励对象因执行职务而死亡，其获授的限制性股票将由其指定的财产继承人或法定继承人代为持有，并按照死亡前本计划规定的程序进行，且董事会可以决定其个人绩效考核条件不再纳入解锁条件；若因其他原因而死亡，董事会可以决定对激励对象根据本计划已获授但尚未解锁的限制性股票不得解锁，并由公司回购注销。

其他未说明的情况由董事会薪酬与考核委员会认定，并确定其处理方式。

出现上述状况时限制性股票需要回购注销，应向交易所申请解锁该等限制性股票，在解锁后 30 个工作日内公司将回购款项支付给激励对象并登记结算，完成相应股份的过户，在过户完成后的合理时间内，公司应注销该部分股票。

股权激励计划实施时需要关注的第二个维度是建立员工沟通机制。

股权激励计划是专业性比较强的工作，里面有很多专业术语和法律规定，晦涩难懂。出于保密性的要求，股权激励计划的整个设计过程中员工基本不参与规则的制定。在没有与员工进行充分沟通的情况下，员工极易对激励计划产生误判。比如，有的认为签订股权协议是“卖身契”，有的不理解企业为什么不拿出一些股权给员工，还有的员工认为股权是福利，只要授予了，不论本人绩效结果如何，是否在职都可以享受等。如果这些误判不充分解释清楚，被激励对象之后的感受可能会有偏差，导致出现抱怨等负面情绪，这显然与实施激励计划的初衷背离。

有几个关键期需要与被激励对象进行充分沟通。首先，在与员工签订股权协议之前需要组织所有被激励对象参加股权激励计划的启动会，阐述股权激励计划目的，激励计划对企业和对被激励对象的意义，被激励对象入选的原则以及本期计划公司总量和个量确定的依据和标准。其次，与被激励对象利益相关的法规和管理规定需要充分讲明，包括行权条件，要特别强调公司业绩指标与个人绩效考核结果，说明员工股权资金的来源，退出机制及对被激励对象的影响，收益预期可能的风险，避免被激励对象盲目乐观期望过高的收益，除此之外，还要说明股权激励计划的收益属于员工收入部分，公司代扣代缴个人所得税等事项。

股权激励计划启动会结束后，再与员工签订股权协议。以限制性股权激励计划为例，协议内容可以包括如下：

【经典案例 40】 某某公司限制性股票协议书

协议书编号：

签约双方：

甲方：某某公司

乙方：

身份证号码：

为有效激励某某公司（以下简称“甲方”或“公司”）员工的工作积极性和创造性，根据《上市公司股权激励管理办法（试行）》《股权激励有关事项备忘录 1–3 号》及《某某股票激励计划》（以下简称《激励计划》）和《某某股权激励计划实施考核管理办法》（以下简称《考核管理办法》）的有关规定，按照甲方股东大会和董事会的有关决议，就甲方授予乙方限制性股票一事，双方订立本协议，共同遵照执行。

一、限制性股票概念界定

1.1 限制性股票是指在满足《激励计划》规定的授予条件下，乙方以《激励计划》规定的价格认购甲方增发的股票，该等股票在授予乙方后按《激励计划》的规定进行锁定和解锁。

1.2 乙方的授予资格确认程序由公司董事会按照公司股东大会决议和《激励计划》执行，乙方不得以任何方式影响董事会的工作。

1.3 限制性股票授予程序由公司董事会组织和实施，由甲方法人代表或其授权代表代表甲方与乙方签订本协议书。

二、资格确认与自筹资金缴纳

2.1 乙方是甲方员工，现担任【　　　】一职，属于公司 / 子公司主要管理人员 / 核心骨干人员。经公司董事会按照甲方《激励计划》的有关规定进行评定，确认乙方具备获授限制性股票的资格，经与乙方协商，在《激励计划》已确认的授予份额范围内，本次乙方确认认购的限制性股票激励额度为【　　】股。乙方需在【　　】年【　】月【　】日前将自筹资金缴纳至甲方专用资金账户。

2.2 若乙方已签署本协议书，但未足额缴纳应缴资金的，则未缴纳资金部分股份视为放弃，且其获授的限制性股票激励额度需根据其实际缴纳的自筹资金进行调整。

三、解锁安排

3.1 乙方获授的限制性股票授予后即行锁定。锁定期内乙方因获授的限制性股票而取得的红股、资本公积转增股份、配股股份、增发中向原股东配售的股份（以下简称“配送股份”）同时锁定，不得在二级市场出售或以其他方式转让，该等股份的年度解锁比例与限制性股票当期解锁份额占剩余年度总份额的比例相同；乙方因获授的限制性股票而取得的现金股利由甲方代管，作为应付股利在解锁时向乙方支付，支付比例同上述配送股份。

3.2 激励计划的有效期为自限制性股票授予之日起至所有限制性股票解锁或回购注销完毕之日止，其中锁定期为 12 个月。限制性股票锁定期满后的第 1 个交易日为解锁日。乙方持有的限制性股票分 3 次分别按照 30%∶30%∶40% 的比例解锁。实际解锁情况应依据锁定期和解锁期规定的解锁条件和考核结果，按“四、考核安排”的规定分批解锁。

3.3 激励计划的有效期内，若乙方出现离职情形的，甲方每年仅提供 2 个窗口期办理回购注销手续（分别为年度报告及半年度报告后 1 个月内），届时回购注销完成后将购股款项发放给乙方。

3.4 上述工作由公司董事会委托甲方的人力资源部门及证券部门负责具体操作。

四、考核安排

4.1 公司考核指标

对于按照本激励计划授予的限制性股票，乙方申请标的股票解锁的条件为：（1）第一个解锁期：锁定期内归属于上市公司股东的净利润及归属于上市公司股东的扣除非经常性损益的净利润均不得低于授予日前最近三个会计年度的平均水平且不得为负；以年净利润为基数，年净利润增长率不低于____。（2）第二个解锁期：以年净利润为基数，年净利润增长率不低于____。（3）第三个解锁期：以年净利润为基数，年净利润增长率不低于____。

以上“净利润”“净利润增长率”以归属于上市公司股东的扣除非经常性损益的净利润为计算依据。

4.2 个人绩效考核

根据公司制定的《某某公司股权激励计划实施考核管理办法》，激励对象只有在上一年度考核中被评为“卓越”或“优秀”，才能解锁全额当期限制性股票。若激励对象上一年度考核中被评为“良好”或“不合格”，公司将按照限制性股票激励计划的规定，将激励对象所获授的限制性股票当期拟解锁份额回购注销。

4.3 在满足上述各项限制性股票解锁考核条件后，甲方将统一办理满足解锁条件的限制性股票解锁事宜。

4.4 乙方对于本次限制性股票解锁的有关疑问可向甲方查询。

五、限制性股票解锁后乙方权利和义务

在限制性股票解锁后，乙方即依法享有普通股股东的全部权利并履行相关义务。但是，如果乙方届时系甲方董事或甲方《公司章程》规定的高级管理人员，其出售或转让前述股票须遵守《公司法》等有关法律法规的限制性规定。

六、激励计划在异动情况下的调整

6.1 当甲方出现下列情形之一时，乙方已经获授但尚未解锁的限制性股票不得解锁，由甲方以授予价格回购注销（根据激励计划须对回购价格进行调整的按计划规定执行，下同）：

（1）甲方控制权发生变更；

（2）甲方出现合并、分立等情形；

（3）最近一个会计年度的财务会计报告被注册会计师出具否定意见或者无法表示意见的审计报告；

（4）最近1年内因重大违法违规行为被中国证监会予以行政处罚；

（5）中国证监会认定的其他情形。

6.2 当乙方出现下列情形之一时，其已经获授但尚未解锁的限制性股票不得解锁，由甲方按授予价格回购注销：

（1）最近三年内被证券交易所公开谴责或宣布为不适当人选的；

（2）最近三年内因重大违法违规行为被中国证监会予以行政处罚的；

（3）具有《公司法》规定的不得担任公司董事、高级管理人员情形的；

（4）因不能胜任岗位工作、触犯法律、违反职业道德、泄露公司机密、失职或渎职等行为损害公司利益或声誉而导致的职务变更，或因前列原因导致甲方解除与乙方劳动关系的；

（5）公司董事会认定的其他严重违反公司有关规定或严重损害公司利益的情形。

6.3 当乙方出现下列情形之一时，其已经获授但尚未解锁的限制性股票不得解锁，由甲方按授予价格回购注销：

（1）因辞职、甲方裁员而离职；

（2）非因工伤丧失劳动能力而离职；

（3）非因执行职务而身故；

（4）公司董事会认定的其他情形。

6.4 当乙方出现下列情形之一时，其获授的限制性股票完全按照情况发生前本计划规定的程序进行，且董事会可以决定其个人绩效考核条件不再纳入解锁条件：

（1）因工伤丧失劳动能力而离职；

（2）因执行职务而身故，其获授的限制性股票将由其指定的财产继承人或法定继承人代为持有；

（3）公司董事会认定的其他情形。

6.5 非因违反甲方有关规定或损害甲方利益的负面行为，而发生的乙方正常职务变更，且仍在公司内，或在公司下属分、子公司内任职的，其获授的限制性股票将按照变动前本计划规定的解锁比例及程序进行，但其个人绩效考核按变动后新岗位的相关要求执行。

6.6 其他未说明的情况参照《激励计划》的相关规定，或由公司董事会认定，并确定其处理方式。

6.7 根据《激励计划》的规定，若在某一批限制性股票的解锁日所在年度的前一年度的业绩考核条件不达标，或乙方根据本协议书的规定考核不合格的，由甲方对该批次限制性股票按授予价格回购注销。

6.8 有关法律、行政法规以及部门规章对乙方限制性股票的授予、解锁以及获得收益有特别规定的，遵从其特别规定。

6.9 其他未说明的情况由公司董事会认定，并确定其处理方式。

七、特别情形

甲方可按照《激励计划》相关规定，对《激励计划》进行变更、中止和终止。

八、双方承诺

8.1 甲方承诺：

（1）甲方对于授予乙方的限制性股票将恪守承诺：除非乙方发生《激励计划》规定的情形或本协议第2.2条情形，否则不得拒绝授予或减少授予乙方应获得的限制性股票激励额度，不得中途中止或终止本协议。

（2）向乙方提供本次限制性股票激励计划的实施情况，并解释说明，提供必要的帮助。

8.2 乙方承诺：

（1）了解甲方有关限制性股票的规章制度，包括但不限于《激励计划》《考核管理办法》及其相关规定。

（2）遵守甲方的各种规章制度，切实履行与甲方签订的劳动合同。

（3）遵守国家的法律，依法持有限制性股票，依法出售转让。

（4）为本协议所提供的资料（包括但不限于身份证号、证券账户号）真实、有效，并对其承担全部法律责任。

九、免责条款

在本协议的执行过程中，因国家的法律、政策等发生重大变更，或乙方违反本协议约定及甲方关于限制性股票的规章制度，或出现本协议或《激励计划》规定的相关情形，导致甲方无法履行本协议，甲方不承担责任。

十、协议与聘用关系

甲方与乙方签署本协议不构成甲方对乙方聘用期限和聘用关系的任何承诺，甲方对乙方的聘用关系仍按甲乙双方签署的劳动合同及其附件的有关约定执行。

十一、争议的解决

双方发生争议，本协议已涉及的内容按本协议的约定解决，本协议未涉及的部分，按照甲方关于《激励计划》的有关规定解决。均未涉及的部分，按照国家法律和公平合理原则解决。

甲、乙双方对本协议执行过程中发生的争议应协商解决，协商不成，应提交甲方所在地有管辖权的人民法院诉讼解决。

十二、协议的终止

12.1 若乙方违反本协议有关约定、违反甲方关于《激励计划》的有关规定或者国家法律政策，则甲方有权视具体情况通知乙方终止本协议而不需承担任何责任，自甲方的通知到达乙方之日止，本协议自动终止。

12.2 乙方在本合同有效期内的任何时间，均可通知甲方终止本协议，但不得附任何条件。乙方的通知自到达甲方之日起，本协议自动终止。

十三、其他

13.1 本协议书经甲乙双方协商后，可以书面方式修改，其他方式均不构成对本协议书的修改。

13.2 本协议生效后，甲方就《激励计划》所制定的新的规章制度适用于本协议，乙方应遵照执行，但甲方新的规章制度不得对乙方享有的限制性股票激励额度、解锁条件、解锁安排等做出不公平或有损乙方利益的变动，除非法律法规有明确要求。

13.3 本协议书一式两份，甲、乙双方各执一份，具同等法律效力。

13.4 本协议书自甲乙双方签字盖章之日起生效。

另外，在股权激励实施过程中，各个关键时期也需要与被激励对象充分沟通。以限制性股票激励计划为例，授予期需要提示员工办理开户，按约定的时间将款额准确打入指定的账户。如果有员工需要贷款，企业可以协助被激励对象联系可贷款机构，帮员工获得优惠利率并简化贷款手续等。以降低员工自筹资金的难度，争取使公司每位想激励的对象都能够获得授予。让员工能体会到企业在法规允许的范畴内最大的支持。

等待期中需要多次与员工沟通享受当期激励计划的条件，即公司整体业绩达成的指标和个人绩效考核指标的要求。至少1年的等待期过后，有一部分员工可能记不太清原来相关规定。要与员工进行多次沟通，一是表达激励计划的奖优原则，因为有一部分人员可能仍抱有做好做坏都能享受激励计划的想法。二是再次强调激励计划对员工的意义和价值，让员工感受到来自企业的认可，鼓励员工与企业长期共同发展。

解锁期之前需要由各部门负责人客观公正地对被激励对象进行评估，并充分与员工就评估结果及是否能解锁达成一致。对于没有通过业绩评估的被激励对象，人力资源部门需要对其业绩结果进行二次复审，以确定是否出现偏差，如其的确未能达到解锁条件须向其发出告知书。

【经典案例41】股权激励对象个人层面绩效考核评价结果告知书

尊敬的　　（先生/女士）：

经评价，您个人层面绩效考核评价结果未达到年度“卓越”或“优秀”的标准，个人绩效考核“不达标”。

按照公司股权激励计划实施考核管理办法的相关规定，取消对应周期限售额度的解除，并由公司回购注销。请知悉。

如果您对自己的考核结果有异议，可在接到考核结果通知的5个工作日内提出申诉；如果没有异议，考核结果将转至公司证券部存档，并启动相应限制性股票的回购注销程序。

某某公司

人力资源部

年　月　日

签收回执

本人已收到公司《股权激励对象个人层面绩效考核评价结果告知书》，确认考核结果，理解并知悉该考核结果及对本人股权激励的影响。

本人签名：

年　月　日

告知书的目的是让被激励对象清楚最终的绩效结果对个人股权激励的影响，以及给员工一个申诉机会，避免因失误给员工造成不可挽回的损失。另外，也让其知晓接下来公司将采取回购的方式，执行退回其对应额度的本金等流程。及时解答困惑，对被激励对象也是一种尊重。

股权激励计划实施中需要关注的第三个维度是建立监督审计体系。

首先是健全财务管理审计制度，对经营状况进行及时、准确的评估，以防经营造假。其次是建立被激励对象述职与评估制度。评估其做出的决策、管理方式、价值理念对企业现在与未来发展的影响，而不仅仅关注最终业绩数据情况。最后，建立股权激励计划执行的审计制度。审核激励计划是否达到最初的设计目的，是否有需要调整和完善的地方，为下次激励计划做积累。审核被激励对象是否完成了个人绩效指标，对其考核结果是否客观公正，是否有“放水”或“缩水”的现象。只有严格执行激励计划考核方案，才有可能让员工的获益与企业长远发展绑定，体现出股权激励计划的作用与价值。

小结

股权激励是将员工与企业联动的一种有效方式，也是专业性较高的一种激励方式。设计实施中除满足国家法规的要求外，还要符合企业发展的规律和期望实现的目标。另外，在整个实施期间要特别注意与被激励对象的有效沟通。让他们真正了解股权激励方案中员工需要履行的责任与义务，可能享受到的收益和承担的风险等。

第七篇

激励组合——企业生命周期与激励的组合拳

【主要内容】

- 初创期企业激励员工时的重点有哪些?
- 成长期企业建立激励机制要关注什么?
- 成熟期企业在激励员工时要避免什么?
- 二次创业的企业如何再次激发员工的活力?

处于不同生命周期的企业，应运用不同激励方法

企业生命周期的概念是由美国著名管理学家伊查克·爱迪思创立的，它是关于企业成长、消亡的阶段性和循环的理论。在管理上通常把企业周期划分为4个阶段，即初创期、成长期、成熟期和衰退期（也可以称为二次创业期）。处在不同生命周期的企业，其特点不同，员工感受的企业环境不同，也将使员工的需求有所不同。企业需要在不同生命周期设计不同的激励机制，以实现对员工的激励效果。

12 第十二章 初创期企业的激励模式

12.1 愿景蓝图更具引力

初创期的企业刚成立不久，其产品或服务尚未获得市场的认可。产品的生产和销售规范没有规模化，单位成本高，获利能力低。在这个阶段，企业处于生存的边缘线上，人力、财力和物力都相当紧缺，比较难有持续稳定的利润来满足企业发展。此时企业的组织系统不完善，没有明确的组织架构、岗位职责、标准流程与核准权限等，而且工作节奏快，管理弹性灵活，决策流程短，难以快速面对市场反馈出的各类问题。初创期的工作岗位内容相对模糊，员工需要能独当一面，能同时承担较多综合性的工作。所以初创期的人员既要有专业的能力，又要具备积极主动、艰苦创业的心态，能着眼于大局与未来。在初创期，企业的知名度和资金都没有市场竞争力，吸引到合适的人才对企业生存发展具有关键的作用。员工的业务能力、价值观两个方面是否与企业相匹配，对初创期企业的发展有很强的影响力。在企业人才竞争力较低的初创期如何吸引这样的人才？优秀人才如果有加入的意愿，大多是因为看好企业的愿景蓝图和先进的商业模式。此时最有效的激励方式是用愿景激励员工。愿景与战略目标不同，愿景不是告诉员工企业什么时间能发展到什么程度，而是告诉员工“我们的企业将成为什么”，好的企业愿景能够使员工激情澎湃，既感觉宏伟，又愿意为之全力奋斗。20 世纪 50 年代初，当索尼还是一家很小的企业时，它宣称的愿景是“成为最知名的企业，改变日本产品在世界上的劣质形象”。索尼的愿景在股东、员工及其他相关利益者之间产生共鸣，这也是索尼在之后能快速发展壮大的重要因素之一。在企业初创期，创始人要与团队成员建立共同的愿景，共同探讨如何实现愿景的第一个里程碑。如果没有规划共同愿景，在战略目标制定和战术取舍时就可能产生很大的分歧。反之，给员工一个足以让他们兴奋不已的愿景，会激发员工的创造力，员工甚至愿意牺牲短期利益，全力为企业发展创造价值。创始人在此期间也需要不断地让员工相信企业的未来前景，使其对企业的未来满怀希望。

12.2　共同持股，使核心员工与企业长期发展紧密相连

创始人要让员工感知到员工个人的未来与企业发展紧密相关，员工通过努力让企业做大做强时，他也将在这个平台上获得事业成就与价值体现。如何让员工感受到个人梦想与企业愿景紧密相连？初创期的公司首先要想清楚长期激励核心员工的方式。共同持股是长期激励的一种重要方式，让初创期企业的核心员工和管理人员共同作为公司的所有人，持有公司一定数量的股份，明确核心人员作为公司股东的角色，以激励和保留核心人才与企业共同发展。

【经典案例 42】 使员工与企业一起长期发展

某公司成立两年就开始启动员工的股权激励。在做激励计划前，首先，对核心员工进行调研，了解员工是否愿意买公司股票，为什么愿意持股。其次，设计了三个方案分别征询员工意愿度，第一个方案是购买价 2 块钱一股，没有锁定期，三年减持，报名的员工有近 90%；第二个方案是 1.8 元每股，锁定两年，分三年减持，有近 70% 的员工报名；第三个方案是 1 元每股，锁定五年，分三年减持，有超过 50% 的员工报名。董事长最后在三个方案中选定了第三个方案，他认为企业在初创期，企业还需要一个较长的发展期才能达到更高的一个阶段，企业需要一批核心员工长期稳定地支持企业未来的发展。

除此之外，该公司计划预留一定的股权数，为公司持续不断的新进人员创造需要激励的空间，对企业引进高端人才来说是非常重要的。

共同持股，无论是以直接方式还是以间接方式向员工授予部分公司股权，都可以将员工个人利益与企业目标捆绑在一起，使员工在努力提升公司业绩和效益时，自身同样也受益。当员工主人翁意识增强，愿意扩大对经营结果的参与度时，有助于调动员工的潜力。初创期的企业存在着巨大的资金压力，若给员工支付高额的固定工资和福利，对企业来说是雪上加霜。共同持股可以适当降低支付给员工的当期现金，也让员工看到未来可能的高额回报，激励员工积极推动企业达成未来目标，实现共赢。初创期实施合适的长期激励计划，不仅能够提高企业原有人才的忠诚度，也能吸引外部人才，为企业不断输送新鲜血液。需要注意的是，共同持股在给员工授予股权的同时，也会对员工附加一定的限制，诸如在公司的服务期限、对同业竞争的限制、个人业绩结果承诺，等等。这些人才约束机制也是对企业经营发展的一种保护。

12.3　建立企业文化

初创期企业创始人要有意识地引导、塑造文化。每个员工都有各自不同的背景，带着各自的文化印记。初创期是文化碰撞的频繁时期，如果没有主导性价值观，团队的凝聚力和向心力就难以形成，团队的行为规范或原则就难以统一，可能使一些不必要的摩擦和冲突频发，影响团队成员的情绪，使员工失去工作动力。企业是否健康发展，要看是否打造了强势的企业文化。没有企业文化作为根基，企业很难做到基业。初创期是企业树立核心价值观成本最低的时期，初创期团队规模较小，几乎所有员工入职都由创始人面试把关，这个环节可以较好地评估加入的人员是否与创始人的价值理念高度相符。在日常的工作过程中，创始人与所有员工的接触是直接的、高频的，创始人的理念和价值观能让员工有直观的感受。员工有什么想法和价值判断也会及时与创始人沟通。虽然在这个阶段不需要文化梳理，如企业文化白皮书或文化培训，但是如果创始人清晰刻意地传递经营理念和价值观会产生事半功倍的效果。在这个时间段，如果核心价值观被全体员工深刻认同，那么对于企业后期的管理与发展，人才的保留和人才开发都将有很积极的作用。正如孩子在幼儿时期形成了好的价值观、行为习惯等对其一生都会有积极的影响。反之，在幼儿期不注重塑造，等到孩子进入青春期之后再进行规范培养是有难度且痛苦的事情。很多知名的企业创始人都在企业初期重视企业文化塑造。例如，台湾宏基电脑董事长施振荣认为："企业文化建设不是一次性运动或者用两三年时间就能够完成。企业文化建设最好从企业小时候抓起，待企业长大以后，再去建设文化就比较困难了。"娃哈哈公司创始人宗庆后介绍："从创业之初，我就十分重视精神面貌在经济建设中的重要作用，18年来，我们始终坚持不懈地有意培育具有自身特色的企业文化，在经济快速发展的过程中，娃哈哈'家'文化经历了起源、发展和逐渐完善的历史进程，最终形成了比较完整的'家'文化系统。"宣传企业的经营理念和价值观时可以通过一些标志性的事件让员工感同身受，使价值观深入人心。著名的海尔砸冰箱事件就是张瑞敏在刚接手管理海尔的初期，向全体员工传递"高质量产品"的价值观。

【经典案例 43】 典型事件传递文化价值

张瑞敏担任厂长的第二年，在一次质量检查时，库存不多的电冰箱中有76台不合格，按照当时的销售行情，这些电冰箱稍加维修便可出售。但是，厂长张瑞敏当即决定，在全厂职工面前，将76台电冰箱全部砸毁。当时一台冰箱800多元钱，而职工每月平均工资只有40元，一台冰箱几乎等于一个工人两年的工资。当时职工们纷纷建议便宜处理给工人。张瑞敏对员工说："如果便宜处理给你们，就等于告诉大家可以生产这种带缺陷的冰箱。今天是76台，明天就可能是760台、7600台……因此，必须解决这个问题。"于是，张瑞敏决定砸毁这76台冰箱，而且是由责任者自己砸毁。很多职工在砸毁冰箱时都流下了眼泪，平时浪费了多少产品，没有人去心痛，但亲手砸毁冰箱时，感受到这是一笔很大的损失，痛心疾首。张瑞敏通过这种非常有震撼力的做法，改变了职工对质量标准的看法。

这个标志性的事件树立了海尔人的质量意识。现在的海尔集团全球营业额达到 1887 亿元，实现利润 180 亿元，连续 9 年复合增长率达 30% 以上，是同期营业收入年复合增长率的 5.5 倍。张瑞敏在《财富》论坛上说："这把大锤对海尔今天走向世界，是立了大功的！"这个立功的大锤现在还在海尔的展厅里，所有新员工都会参观了解这段历史，深入学习海尔"高质量"的价值观，以促使在他们未来工作中不断地遵循这一价值理念。

每个企业初创期所要打造的经营理念和价值观是不同的，但有一个共性内容就是艰苦奋斗、勇于开拓。鼓励员工创造价值，以结果为导向，用业绩论英雄，提倡主动担当的奉献精神，宣扬奋斗敢拼的做事风格，激发员工的创业精神。这种创业文化要通过一系列的激励机制将它们融入企业管理中，让员工理解并认同这些创业精神，将个人目标与企业目标形成一致性。首先，在薪酬管理机制中，考虑到企业财务压力大，资金多呈现为净流出，人工成本的结构中尽可能减少刚性的固定工资部分、福利部分，而是强调价值结果回报的弹性奖励为主，即低底薪加高业绩奖励的方式。低底薪是指达到行业平均水平，高奖励是达到行业中高水平标准。同时配以长期激励方案，如股权或分红机制等承诺在远期企业发展达到一定程度后给员工回报。用当期最少的资金吸引和保留员工为企业创造价值以解决企业缺人少钱的困扰。其次，在绩效管理中强调结果，弱化过程管理指标，在绩效方案中加大对超额完成的特殊奖励，以引导员工创造性超额完成当期的任务，加快达成企业当期的目标，尽量缩短企业实现从初创期向发展期转变的周期。最后，在职业发展管理机制中强调业绩结果，弱化能力与潜力，强调快速成长，以实战培养代替培训培养。对于学习能力强、成长意愿度高的员工，赋予其挑战性的任务和做事的平台是很有效的激励方式，能满足员工快速成长提升自我价值的需求。除此之外，还可以为这些优秀人才提供辅导他人的机会，请他们总结自己有效的工作方法并向企业中其他相关人员进行推广。将他们的个人能力转化成组织的能力，这对于初创期的企业在提升员工整体胜任力方面至关重要。同时，优秀人才将在培训推广中获得组织人员的认同与尊重，也能激发他们对组织的归属感和责任感，满足其实现自我价值的高层次心里需求。而且，在初创期企业希望员工有创业精神、能全力投入工作，这种创业精神除创始人自己做到外，对员工影响更大的还是周围的同事。让优秀人才推广他们的工作方式也是在传递榜样力量。人是会受周围环境氛围影响的，当员工看到周围同层级的人员不断展现出的创业精神，他的言行态度会不知不觉地改变，他们的内在驱动力将被激发。

12.4　精神激励发挥首要作用

初创期企业用于物质激励的资源是有限的。在这个时期精神激励更有用武之地。精神激励的第一步是建立信任和良好的员工关系。企业管理者应以亲和型为主，花更多的精力与员工互动，建立愉快、自主、开放的工作氛围；和员工之间建立有效的沟通机制，讲解企业长、短期的目标、机会与挑战、员工需求和未来的发展等，多倾听员工的想法，解答员工的疑惑，增强员工对企业的归属感、减少工作布置型的会议，多进行头脑风暴的讨论模式，以调动团队成员的参与度，将他们的经验与知识贡献给组织。这样的形式能使团队成员充分沟通，对目标与行动方案达成共识。采用团队风暴的方案既是对员工能力和创造价值的一种认可，使他们获得成就感和满足感；也能提升员工在接下来执行中的主动性，因为团队成员更愿意将自己提出的方案成功实施，从而获得更大的成就感。精神激励的第二步是不吝惜赞扬。管理者应赞扬员工的行为与过程而不只是结果。初创期的文化要通过不断的赞扬让员工感受、理解和重复践行而在组织内不断稳固。初创期不适合用责备和惩罚表达企业的价值观，员工与企业的关系还不足够“亲密”，企业所倡导的价值理念，因为此时员工还未能完全认同。用赞扬的方式树立企业价值理念的同时，创始人与团队成员的信任关系更容易建立。员工也能从中感受到来自老板或管理层的关注与认同，对团队成员的士气和积极性有更好的调动作用。可以用各种形式来庆祝团队取得的每个小成绩，聚餐、小礼物、各类文体活动、留影纪念照、个性化的奖章等。让成员即时感受到团队成功的喜悦，获得高昂的士气。

小结

企业初期，团队规模不大，大部分的核心骨干是有创业精神的一群人，他们将工作视为事业，全身心投入，不太在意当下的得失，他们眼光长远，希望未来能成就更宏大的目标。团队能同甘共苦，博得广阔前景对他们有很强的吸引力和驱动力。

13 第十三章 成长期企业的激励模式

13.1 制度与企业文化理念一致是基础

经过初创期的积淀，企业的产品或服务在市场上有了一定的客户认同度，销售量逐步增长，市场规模扩大，形成一定的规模效益，利润上升，盈利水平进一步提高。这时的企业进入成长期，摆脱了生存的压力，接下来要立足长远发展，把可持续发展和实现远期利益作为企业经营的重点。这时的企业在资源分配上与初创期不同，成长期企业强调资源在未来的贡献度，而不仅是眼下的即时回报。应拓宽产品线，细分市场，补充新商业模式以为未来企业长远发展布局。处在成长期的企业，其销售增长率和人员增长率都达到两位数的增长，企业人员规模开始快速扩大。创始人不应再按初创期的管理方式与团队大部分成员直接多频次沟通。创始人的精力也不允许对各类大小决策亲力亲为。成长期是企业从“人治”到“法治”的转折期，各类制度与流程应运而生。成长期激励的重点之一就是确保制度与企业文化理念的高度一致性。创始人需要认真审视这些制度在指导员工工作行为规范时，是否体现了企业的价值观、经营管理理念等，以及这些制度在执行中是否有助于推动企业文化，让员工深刻理解且认同，而不是让员工感受到企业的“言行不一”，如果员工在日常工作中感受到创始人口头所提倡的文化与实际执行的制度不统一，就会产生困惑，这会降低员工对企业的信任度和其在企业中的安全感。每项制度、流程要真的有助于企业的经营管理，而不是为了让管理看似规范。

前文提到过，冗长烦琐的制度流程会助长“官僚”和“本位”主义，打击员工工作的激情，增加管理成本，削弱企业经营管理的效率与效果。

此外，成长期的企业每推出一个制度就需要让与之相关的各层级管理者认真学习、了解制度背后的管理背景、制度本身的意义与目的，并要求管理者及时准确地向其团队成员传达，以提高员工对制度的理解和认同度，避免员工从个人角度随意解读制度的含义，防止其因误解产生抑制情绪。如果管理者不通过正式主流渠道充分说明制度对企业经营与员工工作的意义，就很有可能因极少数人曲解且肆意传播，影响其员工集体对制度的理解，严重时可能使员工集体情绪趋于负向，整体士气下降。管理者或创始人此时再来做解释，影响或转变员工的认知将是十分困难的一件事情。管理者及时准确向员工解读的过程也是统一思想，提升制度执行力的过程。而且其间要鼓励员工提出问题，表达个人对制度是如何理解的。如果员工提出了值得企业重视的内容，需要及时向创始人反馈，在制度运营半年后，集中补充或调整制度的内容，形成制度的升级版。企业成长期的发展速度较快，每半年审视并微调制度与流程以使其能有效地保障企业文化的传承，支持和满足经营管理的需要。

成长期的企业快速发展，员工对企业充满信心，对企业的归属感增强，员工不再担心企业可能朝不保夕，开始考虑如何能在更大的企业平台上展示其才能实现自我价值。企业也开始从初创期时只重视高业绩的人才转向业绩与潜力均优的人才。企业应给这些人才赋予更大的职责与职权，满足未来人才储备的需要。此时职业发展规划对员工的激励作用开始显现，企业需要建立职业发展机制，以满足较强内驱力的员工成长发展的需求，充足的上升空间对员工有很大的吸引力和激励性。

企业在成长期发展速度快，部门和岗位职责越来越细化，对专业分工的需求使得人员扩充快，需要补充较多的管理者。这个时期比较常见的现象是“火速提拔”，也就是说，将企业初创期的专业人员很快提拔至一线管理岗位，这对于被提拔者有很大的激励效果。内部提拔像是一个风向标，也让其他员工看到希望，相信个人的发展能在企业不断成长中有所体现。调动更多员工通过提升自己的能力创造出更高价值来实现个人的职业发展需求。在企业成长期，需要对新晋升管理者的管理能力进行系统的培训，以帮助他们从个人贡献者转型为团队贡献者。这些管理者的角色转换和管理能力的提升对团队整体激励起关键作用。这些人员通常是业务骨干，在专业能力和业绩上有突出的表现，但没有经受过管理方面的历练，因此培养新晋升管理者的管理能力会使得他们在日常管理中可以有效处理人员管理方面的事务，降低其管理压力，提升其管理的自信和积极性，这对于管理者高意愿度地投入团队管理工作中有重要作用。新晋升管理者的管理能力的提升，将在团队文化、氛围、部门职责分工、人员沟通辅导等多个方面有较好的表现，形成良性循环。团队成员将是这当中最直接的受益者，他们既能在满意的团队环境中工作，又能提升个人能力和体现个人价值，员工的工作积极性和主动性将被充分地调动，这样的激励效果不是仅依赖企业提供的薪酬回报就能获得的。从另一个角度讲，团队成员给力，使团队的管理者从团队贡献中获得极大的尊重感与成就感，这对于管理者也有很强的激励作用。管理者会有更充沛的精力和信心去承担企业赋予的更大职责，为企业创造更大价值。因此在成长期的企业建立高潜力管理者评估与培养机制是人才激励的关键环节。

13.2 创建公平感是关键

成长期比较常见的另一个现象是“薪酬不公平”。比如随着企业的发展需要，专业能力更高的人员会进入企业，其薪酬水平也将高于现职人员；或者因为成长期企业仍旧面临资金紧缺的状况，企业薪酬涨幅速度低于行业水平，企业不得不用高水平的薪酬引入同等能力水平的员工，这都会让老员工感受到“薪酬不公平”。依照美国管理学家亚当斯的公平理论，在企业中员工更关注的不是薪酬的绝对值大小，而是薪酬分配是否公平，以及自己是否受到了企业的公平对待。如果这个问题不解决，内部员工的抱怨情绪就会积累，通过消极怠工的方式寻求收入与回报的平衡或者选择离开公司。不论哪种方式都会给企业带来损失。薪酬绩效管理机制的公平性对员工激励也有着重要影响。企业需要建立相对清晰的职级系统，明确各岗位在职级系统中的相对位置，之后建立以职位为基础的薪酬体系，同一岗位等级的固定薪资应相同，以体现公平性。成长期的企业在人工成本的支付能力上依旧较低，这决定了企业有必要延用较低的固定收入，同时辅以较高的绩效奖励的薪酬支付原则。在固定收入部分需要进行细化，并让员工了解企业的付薪标准，如岗位工资、职级工资、学历津贴、专业津贴、年度绩优津贴等在允许的范畴内将薪酬支付标准透明化，向员工传递企业的管理价值导向。成长期的企业对智能管理工具的投入较少，如果对过程指标进行细致考核会加大管理成本，增加管理者的压力，所以绩效奖励依旧应以结果导向为主，过程指标的评估结果不应作为奖励发放的依据，但可以作为员工晋级或调薪的加分项。

快速成长期的各部门的任务量增长迅速，对人员需求量大且时间紧迫。各种压力下对入职把关容易产生“松口”的现象，业务部门会产生“有人手干活儿比没有人强”的观念。若新进人员与企业文化理念不匹配，将对现有团队产生影响。团队管理者如果没有进行及时干预，默许不良行为发生，会对原来的员工有强烈的负面影响，严重时团队内会产生大量不良冲突，消耗原来的团队合作力，降低员工在团队工作的满意度。原来的员工可能效仿不良行为以获得“公平感”，有些员工甚至可能因不能忍受而选择离职，对良好的团队氛围破坏性极强。企业在快速成长期更需要强调企业价值理念。此时，应将企业文化中的底线原则作为企业的“高压线”，作为对员工评估任用的一票否决项。不论员工的业绩结果多么优秀，只要触碰“高压线”，企业都应采取零容忍的态度，坚决清除，而且对处理结果进行全员通报，明确企业的价值观导向和态度。同时，还应开展对正面行为案例的大力宣扬和表彰，这样才可能使企业文化理念不被来自四面八方的新人冲淡，保持企业文化理念在组织中的强势地位，打造良好工作氛围，让绝大部分员工享受到公正公平的权益，这些是实现员工激励的前提。

小结

成长期企业团队规模迅速扩大，各类人群之间存在文化冲突，需要通过制度体系保障企业文化的主流声音，并且不断传承和发扬企业文化，奖励符合企业文化的人和事。员工对企业价值理念越认同，精神激励和物质激励的作用才能越强。

14 第十四章 成熟期企业的激励模式

14.1 激发管理者和员工的激情

成熟期，在企业生命周期里是顶峰时期，各方面的积淀都比较丰富。产品的知名度和市场占有率、利润等都达到生命周期中的较高值。虽然企业销售增长速度趋缓，但企业财务实力和盈利能力都优于成长期。这个时期，企业的管理经验和管理能力大大提升，各类制度、机制、架构等也相对完善且充分发挥出对企业运营的支撑作用，研、产、销和职能系统布局明确，各系统的核心竞争力有显著提升，员工整体素质得到了较大提升。企业对外的抗风险能力大大增强。企业有相对清晰的战略规划和战略路径，企业开始考虑能使企业持续发展的新增长点，投资并购或多元化发展成为企业在成熟期的新的经营重点。

成熟期的企业各方面的制度较完善，人员稳定性高，大部分员工按部就班地进行工作，特别是与企业共同成长起来的管理者更愿意安于现状，对外部环境和内部成长需求敏锐度变弱，墨守成规的想法开始弥漫。管理者的工作激情开始减退，会对员工的奋斗精神和学习成长产生负面影响。调动管理者的积极性与工作激情是成熟期企业激励的重点。

一方面，企业要帮助管理者走出职业发展的瓶颈期。成熟期的企业扩张速度减缓，管理者晋升的机会就减少，通常一个管理者在其岗位任职超过 5 年就进入了能力提升的瓶颈期，在面对“职业天花板”时，有些管理者开始考虑是否要去外部看看新的机会，有些管理者打算安逸度过，不要出大错坚持到可以退休的年龄。不论哪种情况，当工作没有太多挑战和压力，没有新项目或高难度任务需要通过创新或变革完成，管理者的懈怠感就容易增加，失去学习动力。企业有必要打造学习型组织，推动管理者对新知识、新技能的学习与运用。要开拓管理者视野，学习行业标杆企业，对照标杆找到差距，提升优化管理的动力；进行平行轮岗培养，"之"字型发展，将高潜能、高绩效的管理者调去上下游的部门进行历练，为其创造职业"新鲜感"，同时拓展开发管理者其他领域的知识与技能，培养其成为综合管理人才，作为更高级管理人才的储备，充分发挥员工的潜能和成就需要。也可以任命这类管理者担当跨多部门项目的负责人，锻炼其领导能力、统筹规划能力和重大项目的管理能力。这样的任命是对管理者的一种认可与激励，促使其积极主导对企业有重要价值的项目，工作本身的意义也是产生激励效果的重要因素，项目完成后，管理者能收获成长、自信和价值感，满足自我实现的需要。

另一方面，企业要解决管理者的生活之忧，使其能够全心全意地工作。在成熟期时企业员工的薪酬水平在行业内已相对有竞争力，加薪的激励效果也逐渐减少。管理者多上有老下有小，家庭对其的需要度也很强。如何能让管理者平衡好工作与生活，更愿意为企业尽可能多地创造价值？实施个性化的福利是一种解决方式。如弹性工作时间、在家办公日、家庭诊疗福利、育儿房、员工房等。成熟期企业财务状况良好，有能力实现这些个性化福利，帮助管理者降低生活顾虑，更愉悦有活力地投入工作中。

在成熟期阶段的企业不仅需要有管理通道，还需要建立多重专业发展通道，扩大员工的职业平台，让优秀的专业型人才有平行职业发展通道，实现专业人才与企业共同发展，同时也解决管理晋升需求的压力。专业型人才同样也需要来自企业的个性化福利解决生活之忧；要关注他们在专业能力技术方面的瓶颈，持续提供学习成长的机会，满足员工成长与发展的需要。

在成熟期，企业有可能因为之前的快速发展形成"大企业病"。不仅组织结构臃肿，更出现人浮于事，决策周期长，流程审批慢，满足现状，对外部环境反应迟钝等现象。此时企业应进行适当裁员并引入高质量的新鲜血液以激活内部能量，打破"慢节奏"。新进人员要能补充现有人员未掌握的能力和知识，开拓老员工的视野并影响团队成员超越现在的状态，再次激发现有员工的活力，以满足组织知识积累迭代更新的需求。绩效管理的重点应从结果导向转为过程与结果并重，同时管理者不能只关注绩效考核，还需要在绩效目标制定、绩效辅导与反馈等环节与员工充分互动，实现对员工的动态关注，掌握员工工作心态并及时给予支持，提高员工的工作积极性。成熟期企业管理开始变得僵化，员工工作的活力和创造力开始递减，绩效管理中还需重点加入创新机制，允许奖励模式创新、制度创新、技术创新、产品创新，为团队不断注入“新鲜感”，调动员工的兴奋度。

14.2　长短期激励计划的多样组合

较多企业上市时刚进入成熟期，股权激励计划在这个时期是重要的激励方式，能够帮助企业留下核心人才，在竞争激烈的人才市场争夺中将会更有优势。股权激励计划的实施关键是让其发挥出激励的效果而不是福利的效果，这需要企业管理者科学严谨地设计绩效目标和实施绩效评定，真正将个人价值实现与企业长期发展紧密结合。以美国通用电气公司（以下简称 GE）为例，进入企业的成熟期时该公司的激励体系相对比较完善。

【经典案例 44】 GE 的长短期激励组合

GE 创立于 1892 年，是世界上最大的提供技术和服务业务的跨国公司。在公司多元化发展当中 GE 逐步成长为出色的跨国公司。目前，公司业务遍及世界上 100 多个国家，拥有员工 315000 人。2016 年 10 月，通用电气公司在 2016 年全球 100 大最有价值品牌中排第十。

GE 制定了完整的业绩管理系统，每位管理者都有自己的绩效目标和评估标准，每年依据公司的战略方向确定，其中包括财务状况、客户关系、合作伙伴、人员状况（核心员工满意度）和运行效率等硬指标，还包括为了实现以上硬指标的一些软指标，如领导艺术、战略制定、客户市场导向、信息化建设、人力资源管理、过程监管与审计等。通用电气公司努力让管理人员在实际中具体贯彻公司的宗旨。GE 公司的考核内容包括“专”和“红”两部分，“专”是工作业绩，指其硬性考核部分；“红”是考核软性的东西，主要是考核价值观。这两个方面综合的结果就是考核的最终结果，可以用二维坐标来表示。在绩效评估中要准确地描述上级、同事和下属为了完成这个目标是如何改变他们的行为的。由该雇员通过 360 度的评估方法对公司内的上级或下属来打分评级，以及通过单独面谈的方法来衡量。这个时期的 GE 评估标准认为业绩结果和过程管理并重，而不是考虑单一的因素。

2. 薪酬体系

GE 员工薪酬构成主要是基本工资与绩效奖金。基本工资的变动包括年度普调、工资调整和晋级 3 种形式。①年度普调：根据企业所在地的经济发展水平、物价指数、通货膨胀情况等，大多数员工的工资向上调整（排在最后 10% 的员工不参加年度普调，但工资也不会下降）。②工资调整：根据企业的经营状况，每年对一定比例的员工进行工资上调，一般工资上调幅度会超过收入的 10%。③晋级：GE 根据员工上年度的综合表现和评估结果确定是否晋级，如果晋级，员工工资水平也相应地提高。公司内部有技术类员工、业务类员工和管理类员工，技术、业务员工可能薪酬非常高，甚至比直属经理高出很多，但并没有管理权力，只是行使岗位描述所规定的职责。

绩效奖金，依据年度绩效和核心价值观进行强制分布，前 15%—20% 可以获得高于平均值几倍的奖金额度。

3. 福利

福利包括社会保险、住房公积金以及个性化弹性福利，满足员工特别是核心人才的生活所需。对为部门 / 团队合作做出贡献的员工发放一次性奖励，任何人都可以为对自己工作提供协助的员工提名申请奖励，奖励的形式有许多种，可以是口头表扬、小礼品，甚至是数量不菲的现金。GE 为每个部门均专设了团队合作奖励账户，规定年底用完。

4. 股票期权激励

股票期权激励主要指股票期权，GE 每年会给不同的员工一定比例的股票期权，作为对员工的激励。通常有 20%—35% 的员工享有股权激励。

5. 职业发展规划

GE采取矩阵式的组织结构，实行扁平化管理，平行多通道职业发展路径，员工的晋升可以是直线式的，但也有交叉晋升的情况，如A1—A2属于直线式的晋升，而A1—B2—C3则属于交叉晋升。交叉晋升能扩展员工的知识领域和业务范围，提高员工的个人价值，实现对员工的激励。多通道职业发展规划有利于保持企业稳定发展和员工队伍的阶梯性建设。企业根据业务发展的需要设定重点培养的对象，在员工培训和薪酬待遇方面给予更多优待。重点培养对象名单是不公开的，被确定的员工自己并不知道。同时，随着公司战略的调整，名单也发生动态变化。

6. 培训

GE为员工提供众多的培训机会，年初由员工与上级达成一致，可以是满足当下工作的培训，也可以是着眼于未来工作的前瞻性的培训课程。GE不惜巨资提高人才素质，为了将员工素质提高到上述的标准，公司内建有一座经营开发研究所，可以称得上是一所商业学校。该公司每年向该研究所拨款约10亿美元，每年在此接受培训的人数多达1万人，从高级干部到新任经理都可到此参加培训。董事长直接接受研究所的汇报，并同研究所一起制订研修计划。不仅如此，董事长每月还亲自担任讲师一次，为干部们讲课。

7. 沟通机制

每年年初，员工可以根据自己的工作情况，向主管经理提出晋升、上调工资和培训等要求，主管经理根据本部门/团队的情况做出不同的答复。日常管理中GE也要求管理者与员工保持良好有效的沟通。另外，GE为员工配置职业辅导员，员工可以就自己的工作体会和要求，甚至就对老板的意见向职业辅导员反映，职业辅导员会视不同的情况与HR进行沟通，满足员工的不同需求，对不称职的经理提出警告或调离。没有顺畅的沟通就谈不上机敏的应变。而“沟通”在GE是多面性的，它包括企业内部、上下级之间、企业各部门之间、企业与客户之间和企业与供应商之间的沟通等。

8. 高效的工作氛围

高效的信息化办公系统支撑GE建立了非常完善的后台支撑系统，一切从满足员工的需要出发，尽可能简化内部办事流程，为员工提供更多的有效工作时间。提供宽松、高效的工作环境，使员工每天心情舒畅，不必为工作以外的事情耗费太多精力，是 GE 重要的软激励手法。

小结

成熟期的企业规模相对较大，组织的决策线较长，较容易形成本位主义和官僚主义。如何发挥“老臣”的价值，给新生代机会，如何创造大局观与创新、奋斗的团队氛围以提升员工工作的激情，保障组织的运营效率是成熟期企业能否实现有效激励的关键。

15 第十五章 二次创业企业的激励模式

15.1 激发组织成员的创造力

企业成熟期后期就逐渐步入了企业的衰退期。这一时期企业的规模过于庞大，管理机构臃肿官僚，部门间也容易推卸责任，内耗僵化，使得企业对外部环境的变化反应迟缓，甚至视而不见。决策过程漫长会导致错失市场机会，使企业市场占有率大幅下降，利润负增长；员工士气低落，敬业度下降，人心不稳，离职率增加。此时的企业若谋求可持续发展就需要有决心进行二次创业。企业战略转型、组织变革、创新创造是二次创业成功的核心，在这个时期激励机制该如何推进呢？

第一，从企业文化理念方面先行调整。加强与核心员工的沟通频次，让员工了解企业当下的现状与未来可能的发展状态，统一思想与意识，宣传二次创业的必然选择。强调二次创业需要反思、突破、拼搏、创新等价值理念，鼓励每位员工对企业未来的发展建言献策。第二，从人员方面进行调整。通过一层层的人才盘点，识别有意愿加入二次创业的员工，凝聚这些有意愿变革创新的人员，逐步淘汰故步自封、抵制变革的人员。从外部引入有新思路、新技能的一批人员，特别是请外部具有创新精神、开拓变革型的高层管理人员加盟，以引领组织进行变革，塑造变革创新的氛围。让希望有所突破的员工看到企业的决心和希望，与企业同心协力共同走出低谷，也让官僚和混日子的员工有危机感，让他们改变或自行离开。第三，新战略方向明确后进行组织调整，推动管理创新、制度创新。调整组织架构、合并部门岗位职责、功能，增加岗位职责宽度、职能弹性。降低集权度，减少流程审批审核环节，下放权限给一线管理者，提高应对外部环境变化的敏锐度。精减人员，同时提高优秀人才的薪酬，留住核心骨干人才，特别是专业技术人才。推行高中级管理者强制轮换制度，打破原来的权力链和利益体，让组织的机能重新获得活力。

此外，对于企业想要留用的创新型优秀人才，一方面应进行高薪酬激励，以保持在市场上的绝对竞争力。同时匹配长期激励计划，如股票期权、业绩股权等方式。将绩效管理与创新制度相匹配，加强对新业务增长结果、新运营模式推动、新管理制度流程建立与实施，新知识技能掌握与运用等维度的考核内容。实行强制分布，严格依据绩效结果为实施奖优罚劣，对元老级的管理者或员工一视同仁。表彰在这个过程中勇于尝试且获得成效的人，奖励用创新思路解决企业问题，为企业创造出价值的员工，让他们的行为成为企业新文化的榜样行为，打造企业创新文化的氛围。另一方面，物质激励固然重要，精神激励同样不可或缺。要使核心员工知道和理解企业的现在与未来，认可企业的新战略与新文化。与他们建立信任关系，邀请他们参与到变革管理中，尊重他们提出的建议与方法，赋予他们更多的决定权，赢得他们的心，激发出他们在关键时期的使命感与责任感，使之愿意担当起企业二次创业的重任，与企业同舟共济。

15.2 培训，让员工跟上企业的转型

企业应持续对员工进行培训。首先，将培训重点放在新形势的分析、企业的战略选择和变革重点，以及企业转型后未来的愿景和价值理念体系上。帮助员工重新树立工作的动力与对企业的信心，使他们清楚该如何适应和支持企业的二次创业。其次，培训与未来战略方向相匹配的新知识与新技能，让愿意跟着企业同行的员工有能力跟上企业发展转型的步伐。

【经典案例 45】 苏宁转型期的激励措施

苏宁过去是一个传统的电器实体企业，进入互联网时代后，其销售额迅速下滑，毛利空间下降，成本上升，关闭了多家店面，一度出现效率低、离职率高、管理僵化、员工活力下降等现象。苏宁董事长决定从 2009 年开始发起转型变革。苏宁用了 6 年时间变革创新，完成了二次创业的首个阶段。通过终端的调整构建、全生态链的构建，苏宁从传统的线下实体店最终转型成现在的互联网零售企业，实现了全品类的经营，也构建了一个融合为一体的全渠道的布局，实现了较全价值链的服务体系。在这个艰巨的二次创业期，苏宁针对高、中、低三个层次的人才开展了不同程度的激励计划。

为了激励员工持股而让股市停牌，苏宁打破入职年限的限制面向苏宁所有中高管理层出售股份，涉及标的股票数量约为 7161.46 万股，据报道，苏宁董事长个人垫资 4.13 亿元为员工提供借款支持购股。由此可见其留住中高级人才和二次创业转型的信心。

建立人才培养基金，既满足年青一代希望成长发展的需求，又符合企业二次创业转型战略实现的需求。苏宁每年拨款 2000 万元，选出优秀的高潜力基层管理者和员工 600 多人出国培训、进行行业交流，学习了解互联网行业，为苏宁 O2O 成功转型奠定基础。

鼓励创新，打通创意之路，建立创新机制，让基层员工的好点子和创意也有机会得到实施，激活员工的创造力和主人翁心态。

除此之外，苏宁不断优化对人才合理使用的策略，苏宁曾经的决策较集中，对外部环境变化反应速度缓慢，权力不下放，真正在“战场”的人的能力和作用没有充分施展的平台。从外界高薪聘请的高级管理人才也没有足够的权力进行深度的变革，出现“人来了，没事做”的人才浪费现象。目前，苏宁正在积极解决人力资源合理配置的问题，给符合苏宁转型后战略发展所需的人才更多的话语权，争取充分实现他们个人价值的同时，推动企业转型获得更大的成功。

随着企业对人才的争夺越来越激烈，财务资本竞争逐渐转向人力资本竞争。衡量一个企业是否有未来前景，不再只是评估企业的硬资产、技术，还需要评估企业的管理与人才发展状况。员工是企业最重要的资源，员工是否能高效、高价值地工作影响着企业的发展。激励是激发员工工作动力的过程，也是管理者获得员工信任，推动员工将潜在的内驱力释放出来超越自我的过程。激励体系是一个系统而复杂的体系，综合全书内容可概括为以下四个部分，如图 15-1 所示。

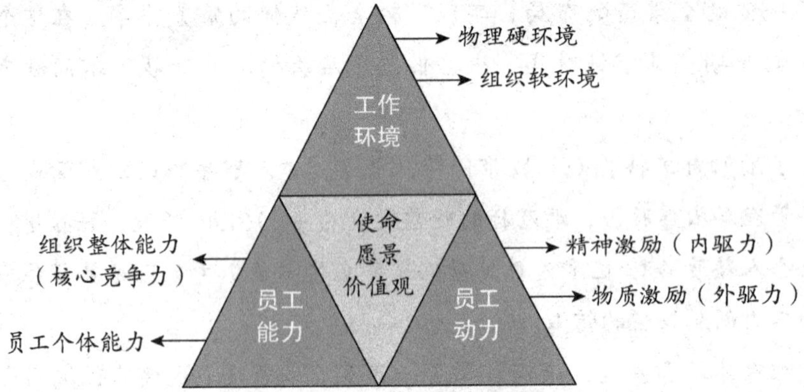

图 15-1　激励体系图

系统且复杂的激励体系很难由某个部门或某个人员独立建立和实施。企业创始人、各管理层和人力资源部门在激励体系建设中有各自的侧重点。企业创始人应根据企业定位确定出企业的使命、愿景与价值观，依据企业所处的发展阶段，打造企业的组织软环境和物理硬环境，满足员工的职业成长需求。各层级管理者们需在日常管理中负责建立高效的运营管理机制、实现清晰合理的目标与分工，凝聚向上的团队氛围，培养出高效能的人士，这些都是组织软环境提升的重点，也是激励中的顶层设计，是激励发挥作用的根本。如果这些方面存在严重问题，无论是荣誉还是高额奖励都很难起到激励员工的作用。管理者在领导团队实现组织目标的过程中应展现出对团队成员的真正尊重与信任，赋予工作更深层的意义，启动良性竞争，满足员工更高层次的需求，让物质激励发挥事半功倍的效果。人力资源部门在激励管理中应更关注在企业当下的发展阶段可以采用什么样的激励方法，建立与之匹配的制度、标准与流程，并确保激励计划在实施过程中的公平合理性与有效性。组织内各层管理者应学习和共同探讨如何建设企业激励体系，对此形成共识，而且应合力推动激励体系在组织中的实施以形成良性激励的大环境。这些对组织提升核心竞争力，吸引和保留优秀人才、实现组织目标都至关重要。

小结

二次创业期间，对于有能力、有意愿、敢担当的人员企业应充分信任并授权，激发他们的使命感和责任感；对于有意愿而没有能力的人员应进行积极培训、培养，使他们有信心跟上企业的节奏；此外，要快速处理没意愿也没有能力的人员，减少他们对组织转型的阻碍；与有能力还在观望的员工积极沟通，尊重他们不同的想法，主动争取、慎重选用。

图书在版编目（CIP）数据

HR 员工激励经典管理案例 / 程江红著 . —北京：中国法制出版社，2018.6
（2023.3 重印）
（名企 HR 经典管理案例系列丛书）
ISBN 978-7-5093-9490-8

Ⅰ. ① H… Ⅱ. ①程… Ⅲ. ①企业管理 – 人事管理 – 激励 – 案例
Ⅳ. ① F272.923

中国版本图书馆 CIP 数据核字（2018）第 111322 号

责任编辑：马春芳　潘孝莉　　　　封面设计：柏拉图创意

HR 员工激励经典管理案例

HR YUANGONG JILI JINGDIAN GUANLI ANLI

著者 / 程江红

经销 / 新华书店

印刷 / 北京虎彩文化传播有限公司

开本 / 787 毫米 ×1092 毫米　16 开　　　　印张 / 12.25　字数 / 187 千

版次 / 2018 年 7 月第 1 版　　　　2023 年 3 月第 3 次印刷

中国法制出版社出版

书号 ISBN 978-7-5093-9490-8　　　　定价：49.00 元

值班电话：010-66026508

北京西单横二条 2 号　邮政编码 100031　　　　传真：010-66031119

网址：http://www.zgfzs.com　　　　**编辑部电话：010-66073673**

市场营销部电话：010-66033393　　　　**邮购部电话：010-66033288**